Les Lettres D'Amabed

Voltaire

LES

LETTRES D'AMABED, &c.

Traduites par l'abbé TAMPONET.

PREMIERE LETTRE

D'Amabed à Shaftasid *grand brame de Maduré.*

> A Bénarès le second du mois de la Souris, l'an du renouvellement du monde 115652 (*a*).

LUmière de mon ame, père de mes pensées, toi qui conduis les hommes dans les voies de l'Eternel, à toi savant *Shaftasid*, respect & tendresse.

(*a*) Cette date répond à l'année de notre ère vulgaire 1512, deux ans après qu'*Alphonse d'Albuquerke* eut pris Goa. Il faut savoir que les brames comptaient 111100 années depuis la rébellion & la chute des êtres célestes, & 4552 ans depuis la promulgation du *Shafta* leur premier livre sacré, ce qui faisait 115652 pour l'année correspondante à notre année 1512, tems auquel régnait *Babar* dans le Mogol, *Ismaël Sophi* en Perse, *Selim* en Turquie, *Maximilien I* en Allemagne, *Louis XII* en France, *Jules II* à Rome, *Jeanne la folle* en Espagne, *Emmanuel* en Portugal.

A 4

Je me fuis déja rendu la langue chinoife
fi familière fuivant tes fages confeils, que je
lis avec fruit leurs cinq kings qui me fem-
blent égaler en antiquité notre *Shafta* dont tu
es l'interprète, les fentences du premier *Zo-
roaftre*, & les livres de l'Egyptien *Thaut*.

Il paraît à mon ame qui s'ouvre toujours
devant toi que ces écrits & ces cultes n'ont
rien pris les uns des autres : car nous fommes les feuls à qui *Brama*, confident de l'E-
ternel, ait enfeigné la rebellion des créatures
céléftes, le pardon que l'Eternel leur acorde
& la formation de l'homme; les autres peuples n'ont rien dit, ce me femble, de ces
chofes fublimes.

Je crois furtout que nous ne tenons rien
ni nous ni les Chinois des Egyptiens. Ils
n'ont pu former une fociété policée & favante
que longtems après nous, puifqu'il leur a
falu domter leur Nil avant de pouvoir cultiver les campagnes & bâtir leurs villes.

Notre *Shafta* divin n'a, je l'avoue, que
quatre mille cinq cent cinquante-deux ans
d'antiquité ; mais il eft prouvé par nos mo-
numens que cette doctrine avait été enfeignée
de père en fils plus de cent fiécles avant la
publication de ce facré livre. J'atends fur
cela les inftructions de ta paternité.

Depuis la prife de Goa par les Portugais,
il eft venu quelques docteurs d'Europe à Bénarès. Il y en a un à qui j'enfeigne la langue indienne, il m'aprend en récompenfe un
jargon qui a cours dans l'Europe & qu'on

nomme l'*italien*. C'eſt une plaiſante langue.
Preſque tous les mots ſe terminent en *a*,
en *e*, en *i*, en *o*, je l'aprends facilement :
& j'aurai bientôt le plaiſir de lire les livres
européans.

Ce doctor s'apelle le père *Fa tutto*, il paraît poli & inſinuant ; je l'ai préſenté à *Charme
des yeux* la belle *Adaté* que mes parens & les
tiens me deſtinent pour épouſe. Elle aprend
l'italien avec moi. Nous avons conjugué enſemble le verbe *j'aime* dès le premier jour. Il
nous a falu deux jours pour tous les autres
verbes. Après elle tu es le mortel le plus près
de mon cœur. Je prie *Birmah* & *Brama* de
conſerver tes jours juſqu'à l'âge de cent trente
ans, paſſé lequel la vie n'eſt plus qu'un fardeau.

RÉPONSE DE SHASTASID.

J'Ai reçu ta lettre, eſprit enfant de mon
eſprit. Puiſſe *Drugha* (a), montée ſur ſon dragon, étendre toujours ſur toi ſes dix bras
vainqueurs des vices !

(a) *Drugha* eſt le mot indien qui ſignifie *vertu*. Elle
eſt repréſentée avec dix bras & montée ſur un dragon
pour combatre les vices, qui ſont l'Intempérance, l'in-
continence, le larcin, le meurtre, l'injure, la médiſance,
la calomnie, la fainéantiſe, la réſiſtance à ſes pères &
mères, l'ingratitude. C'eſt cette figure que pluſieurs miſ-
ſionnaires ont priſe pour le diable.

Il eſt vrai (& nous n'en devons tirer aucune vanité) que nous ſommes le peuple de
la terre le plus anciennement policé. Les Chinois eux-mèmes n'en diſconviennent pas. Les
Egyptiens ſont un peuple tout nouveau qui
fut lui-même enſeigné par les Caldéens. Ne
nous glorifions pas d'ètre les plus anciens ; &
ſongeons à ètre toujours les plus juſtes.

Tu ſauras, mon cher *Amabed*, que depuis
très peu de tems une faible image de notre
révélation ſur la chute des ètres céleſtes & le
renouvellement du monde a pénétré juſqu'aux
occidentaux. Je trouve dans une traduction
arabe d'un livre ſyriaque qui n'eſt compoſé
que depuis environ quatorze cent ans ces pro-
pres paroles. *L'Eternel tient liés de chaines
éternelles juſqu'au grand jour du jugement les
puiſſances céleſtes qui ont ſouillé leur dignité pre-
miere* (*b*). L'auteur cite en preuve un livre
compoſé par un de leurs premiers hommes
nommé *Enoc*. Tu vois par-là que les nations
barbares n'ont jamais été éclairées que par
un rayon faible & trompeur, qui s'eſt égaré
vers eux du ſein de notre lumiere.

Mon cher fils, je crains mortellement l'i-
ruption des barbares d'Europe dans nos heureux climats. Je ſais trop quel eſt cet *Albuquerke* qui eſt venu des bords de l'occident

___

(*b*) On voit que *Shaſtaſid* avait lu notre bible en arabe, & qu'il a en vue l'épitre de *ſaint Jude*, où ſe trouvent en éfet ces paroles au ỹ. 6. Le livre apocryphe qui
n'a jamais exiſté eſt celui d'*Enoc* cité par *ſaint Jude* au
ỹ. 14.

dans ce pays cher à l'aftre du jour. C'eft un des plus illuftres brigands qui ayent défolé la terre. Il s'eft emparé de Goa contre la foi publique. Il a noyé dans leur fang des hommes juftes & paifibles. Ces occidentaux habitent un pays pauvre qui ne leur produit que très-peu de foye: point de coton, point de fucre, nulle épicerie. La terre même dont nous fabriquons la porcelaine leur manque. D I E U leur a refufé le cocotier qui ombrage, loge, vétit, nourit, abreuve les enfans de *Brama.* Ils ne connaiffent qu'une liqueur qui leur fait perdre la raifon. Leur vraye divinité eft l'or; ils vont chercher ce dieu à une autre extrémité du monde.

Je veux croire que ton docteur eft un homme de bien; mais l'Eternel nous permet de nous défier de ces étrangers. S'ils font moutons à Bénarès, on dit qu'ils font tigres dans les contrées où les Européans fe font établis.

Puiffent ni la belle *Adaté*, ni toi, n'avoir jamais à fe plaindre du père *Fa tutto!* mais un fecret preffentiment m'allarme. Adieu. Que bientôt *Adaté*, unie à toi par un faint mariage, puiffe goûter dans tes bras les joyes céleftes!

Cette lettre te parviendra par un Banian qui ne partira qu'à la pleine lune de l'élephant.

SECONDE LETTRE

*D'*Amabed *à* Shaftafid.

PEre de mes penfées, j'ai eu le tems d'aprendre ce jargon d'Europe avant que ton marchand Banian ait pu ariver fur le rivage du
Gange. Le père *Fa tutto* me témoigne toujours
une amitié fincère. En vérité je commence à
croire qu'il ne reffemble point aux perfides
dont tu crains avec raifon la méchanceté. La
feule chofe qui pourait me donner de la dé-
fiance, c'eft qu'il me loue trop & qu'il ne
loue jamais affez *Charme des yeux*. Mais d'ailleurs il me parait rempli de vertu & d'onction.
Nous avons lu enfemble un livre de fon pays
qui m'a paru bien étrange. C'eft une hiftoire
univerfelle du monde entier dans laquelle il
n'eft pas dit un mot de notre antique empire,
rien des immenfes contrées au-delà du Gange,
rien de la Chine, rien de la vafte Tartarie.
Il faut que les auteurs, dans cette partie de
l'Europe, foient bien ignorans. Je les compare à des villageois qui parlent avec emphafe
de leurs chaumières, & qui ne favent pas où
eft la capitale ; ou plutôt à ceux qui penfent
que le monde finit aux bornes de leur horifon.

Ce qui m'a le plus furpris, c'eft qu'ils comp-
tent les tems depuis la création de leur monde
tout autrement que nous. Mon docteur euro-
péan m'a montré un de fes almanacs facrés;

par lequel ſes compatriotes ſont à préſent dans l'année de leur création 5552, ou dans l'année 6244, ou bien dans l'année 6940 (*a*), comme on voudra. Cette bizarerie m'a ſurpris. Je lui ai demandé comment on pouvait avoir trois époques diférentes de la même avanture. Tu ne peux, lui ai-je dit, avoir à la fois trente ans, quarante ans & cinquante ans. Comment ton monde peut-il avoir trois dates qui ſe contrarient? Il m'a répondu que ces trois dates ſe trouvent dans le même livre, & qu'on eſt obligé chez eux de croire les contradictions pour humilier la ſuperbe de l'eſprit.

Ce même livre traite d'un premier homme qui s'apellait *Adam*, d'un *Caïn*, d'un *Matuſalem*, d'un *Noé* qui planta des vignes après que l'océan eut ſubmergé tout le globe : enfin d'une infinité de choſes dont je n'ai jamais entendu parler & que je n'ai lues dans aucun de nos livres. Nous en avons ri la belle *Adaté* & moi en l'abſence du père *Fa tutto* : car nous ſommes trop bien élevés & trop pénétrés de tes maximes pour rire des gens en leur préſence.

Je plains ces malheureux d'Europe qui n'ont été créés que depuis 6940 ans tout au plus, tandis que notre ère eſt de 115652 années. Je les plains davantage de manquer de poivre, de canelle, de gérofle, de thé, de café, de ſoye, de coton, de vernis, d'encens, d'a-

(*a*) C'eſt la diférence du texte hébreu, du ſamaritain & des ſeptante.

romates , & de tout ce qui peut rendre la
vie agréable ; il faut que la providence les ait
longtems oubliés. Mais je les plains encor
plus de venir de si loin parmi tant de périls
ravir nos denrées les armes à la main. On
dit qu'ils ont commis à Calicut des cruautés
épouvantables pour du poivre. Cela fait frémir la nature indienne qui est en tout difé-
rente de la leur : car leurs poitrines & leurs
cuisses sont velues. Ils portent de longues bar-
bes, leurs estomacs sont carnassiers. Ils s'enyvrent avec le jus fermenté de la vigne plan-
tée , disent-ils, par leur *Noé*. Le père *Fa tutto*
lui-même, tout poli qu'il est, a égorgé deux
petits poulets ; il les a fait cuire dans une
chaudière & il les a mangés impitoyablement.
Cette action barbare lui a atiré la haine de
tout le voisinage que nous n'avons apaisé qu'a-
vec peine. DIEU me pardonne, je crois que
cet étranger aurait mangé nos vaches sacrées
qui nous donnent du lait, si on l'avait laissé
faire. Il a bien promis qu'il ne commettrait
plus de meurtres envers les poulets , & qu'il
se contenterait d'œufs frais , de laitage , de
ris , de nos excellens légumes, de pistaches,
de dates, de cocos , de gâteaux d'amandes ,
de biscuits, d'ananas , d'oranges & de tout ce
que produit notre climat béni de l'Eternel.

Depuis quelques jours il parait plus atentif
auprès de *Charme des yeux*. Il a même fait
pour elle deux vers italiens qui finissent en o.
Cette politesse me plait beaucoup : car tu sais

que mon bonheur eſt qu'on rende juſtice à ma chère *Adaté*.

Adieu. Je me mets à tes pieds qui t'ont touiours conduit dans la voie droite, & je baiſe tes mains qui n'ont jamais écrit que la vérité.

RÉPONSE DE SHASTASID.

MOn cher fils en *Birmah* en *Bramah*, je n'aime point ton *Fa tutto* qui tue des poulets, & qui fait des vers pour ta chère *Adaté*. Veuille le *Birmah* rendre vains mes ſoupçons !

Je puis te jurer qu'on n'a jamais connu ſon *Adam*, ni ſon *Noé* dans aucune partie du monde, tout récens qu'ils ſont. La Grèce même qui était le rendez-vous de toutes les fables, quand *Alexandre* aprocha de nos frontières, n'entendit jamais parler de ces noms-là. Je ne m'étonne pas que des amateurs du vin, tels que les peuples occidentaux, faſſent un ſi grand cas de celui qui, ſelon eux, planta la vigne ; mais ſois ſûr que *Noé* a été ignoré de toute l'antiquité connue.

Il eſt vrai que du tems d'*Alexandre* il y avait dans un coin de la Phénicie un petit peuple de courtiers & d'uſuriers qui avait été long-tems eſclave à Babilone. Il ſe forgea une hiſtoire pendant ſa captivité, & c'eſt dans cette ſeule hiſtoire qu'il ait jamais été queſtion de *Noé*. Quand ce petit peuple obtint depuis

des privilèges dans Alexandrie ; il y traduisît
fes annales en grec. Elles furent enfuite traduites en arabe : & ce n'eſt que dans nos derniers tems que nos favans en ont eu quelque
connaiſſance. Mais cette hiſtoire eſt auſſi mé-
priſée par eux que la miſérable horde qui l'a
écrite (a).

Il ferait plaiſant en éfet que tous les hommes qui font frères euſſent perdu leurs titres
de famille, & que ces titres ne ſe retrouvaſ-
ſent que dans une petite branche compoſée
d'uſuriers & de lépreux. J'ai peur, mon cher
ami, que les concitoyens de ton père *Fa tutto*
qui ont, comme tu me le mandes, adopté
ces idées, ne ſoient auſſi inſenſés, auſſi ridi-
cules qu'ils font intéreſſés, perfides & cruels.

Épouſe au plutôt ta charmante *Adaté* : car
encor une fois je crains les *Fa tutto* plus que
les *Noé*.

TROISIEME LETTRE

D'Amabed à Shaſtaſid.

BÉni ſoit à jamais *Birmah* qui a fait l'homme pour la femme ! Sois béni, ô cher *Shaſtaſid*, qui t'intéreſſes tant à mon bonheur !
Charme des yeux eſt à moi ; je l'ai épouſée.
Je

(a) On voit bien que *Shaſtaſid* parle ici en brame qui
n'a pas le don de la foi, & à qui la graçe a manqué.

Je ne touche plus à la terre, je fuis dans le ciel : il n'a manqué que toi à cette divine cérémonie. Le docteur *Fa tutto* a été témoin de nos faints engagemens. Et quoiqu'il ne foit pas de notre religion, il n'a fait nullé dificulté d'écouter nos chants & nos prières : il a été fort gai au feftin des noces. Je fuccombe à ma félicité. Tu jouis d'un autre bonheur, tu poffèdes la fageffe, mais l'incomparable *Adaté* me poffède. Vis longtems heureux, fans paffions, tandis que la mienne m'abforbe dans une mer de voluptés. Je ne puis t'en dire davantage : je revole dans les bras d'*Adaté*.

QUATRIEME LETTRE

D'Amabed à Shaftafid.

Cher ami, cher père, nous partons la tendre *Adaté* & moi pour te demander ta bénédiction. Notre félicité ferait imparfaite fi nous ne rempliffions pas ce devoir de nos cœurs ; mais le croirais-tu ? nous paffons par Goa dans la compagnie de *Conrfom* le célèbre, marchand & de fa femme. *Fa tutto* dit que Goa eft devenue la plus belle ville de l'Inde, que le grand *Albuquerke* nous recevra comme des ambaffadeurs ; qu'il nous donnera un vaiffeau à trois voiles pour nous conduire à Maduré. Il a perfuadé ma femme ; & j'ai voulu le

B

voyage dès qu'elle l'a voulu. *Fa tutto* nous assure qu'on parle italien plus que portugais à Goa. *Charme des yeux* brûle d'envie de faire usage d'une langue qu'elle vient d'aprendre. Je partage tous ses goûts. On dit qu'il y a des gens qui ont eu deux volontés; mais *Adaté* & moi nous n'en avons qu'une, parce que nous n'avons qu'une ame à nous deux. Enfin nous partons demain avec la douce espérance de verser dans tes bras avant deux mois des larmes de joie & de tendresse.

PREMIERE LETTRE

D'Adaté à Shaſtaſid.

A Goa le cinq du mois du Tigre, l'an du renouvellement du monde 115652.

*B*irma, entends mes cris, vois mes pleurs, ſauve mon cher époux. *Brama* fils de *Birma*, porte ma douleur & ma crainte à ton père. Généreux *Shaſtaſid* plus ſage que nous, tu avais prévu nos malheurs. Mon cher *Amabed*, ton diſciple, mon tendre époux, ne t'écrira plus; il eſt dans une foſſe que les barbares apellent *priſon*. Des gens que je ne puis dé-finir, on les nomme ici *inquiſitori*, je ne ſais ce que ce mot ſignifie; ces monſtres le lende-main de notre arivée ſaiſirent mon mari & moi, & nous mirent chacun dans une foſſe

féparée comme fi nous étions morts. Mais fi
nous l'étions il falait du moins nous enfevelir
enfemble. Je ne fais ce qu'ils ont fait de mon
cher *Amabed*. J'ai dit à mes antropophages ,
où eft *Amabed ?* Ne le tuez pas ,, & tuez-moi.
Ils ne m'ont rien répondu. Où eft-il ? pourquoi m'avez-vous féparée de lui ? ils ont gar-
dé le filence, ils m'ont enchaînée. J'ai depuis
une heure un peu plus de liberté ; le marchand *Courfom* a trouvé moyen de me faire
tenir du papier , du coton , un pinceau &
de l'encre. Mes larmes imbibent tout , ma
main tremble , mes yeux s'obfcurciffent , je
me meurs.

SECONDE LETTRE

*D'Adaté à Shaftafid , écrite de la prifon de
l'inquifition.*

DIvin *Shaftafid* , je fus hier longtems éva-
nouie , je ne pus achever ma lettre ; je la pliai
quand je repris un peu mes fens ; je la mis
dans mon fein qui n'allaitera pas les enfans
que j'efpérais avoir d'*Amabed* , je mourai avant
que *Birma* m'ait acordé la fécondité.

Ce matin au point du jour font entrés dans
ma foffe deux fpectres armés de hallebardes ,
portant au cou des grains enfilés , & ayant
fur la poitrine quatre petites bandes rouges
croifées. Ils m'ont prife par les mains , tou-

jours fans me rien dire , & m'ont menée dans
une chambre où il y avait pour tous meubles
une grande table , cinq chaifes , & un grand
tableau qui repréfentait un homme tout nud,
les bras étendus, & les pieds joints.

Auffi - tôt entrent cinq perfonnages vétus
de robes noires avec une chemife par deffus
leur robe , & deux longs pendans d'étofe bi-
garée par deffus leur chemife. Je fuis tombée
à terre de frayeur. Mais quelle a été ma furprife ! J'ai vu le père *Fa tutto* parmi ces cinq
fantômes. Je l'ai vu, il a rougi ; mais il m'a
regardée d'un air de douceur & de compaffion
qui m'a un peu raffurée pour un moment.
Ah! père *Fa tutto*, ai-je dit, où fuis-je ? Qu'eft
devenu *Amabed ?* dans quel goufre m'avez-
vous jettée ? On dit qu'il y a des nations qui
fe nouriffent de fang humain. Va-t-on nous
tuer ? va-t-on nous dévorer ? il ne m'a répondu qu'en levant les yeux & les mains au ciel,
mais avec une atitude fi douloureufe & fi tendre, que je ne favais plus que penfer.

Le préfident de ce confeil de muets a enfin
délié fa langue & m'a adreffé la parole ; il m'a
dit ces mots , eft - il vrai que vous avez été
batifée ? J'étais fi abimée dans mon étonne-
ment & dans ma douleur que d'abord je n'ai
pu répondre. Il a recommencé la même quef-
tion d'une voix terrible. Mon fang s'eft glacé,
& ma langue s'eft atachée à mon palais : Il a
répété les mèmes mots pour la troifiéme fois,
& à la fin j'ai dit oui ; car il ne faut jamais
mentir. J'ai été batifée dans le Gange comme

tous les fidèles enfans de *Brama* le font, comme tu le fus, divin *Shaſtaſid*, comme l'a été mon cher & malheureux *Amabed*. Oui, je fuis batifée, c'eſt ma confolation, c'eſt ma gloire. Je l'ai avoué devant ces ſpectres.

A peine cette parole *oui*, ſimbole de la vérité, eſt fortie de ma bouche, qu'un des cinq monſtres noirs & blancs s'eſt écrié, *apoſtata*; les autres ont répété *apoſtata*. Je ne fais ce que ce mot veut dire. Mais ils l'ont prononcé d'un ton ſi lugubre & ſi épouvantable, que mes trois doigts font en convulſion en te l'écrivant.

Alors le père *Fa tutto*, prenant la parole & me regardant toujours avec des yeux benins, les a aſſurés que j'avais dans le fond de bons ſentimens, qu'il répondait de moi, que la grace opérerait, qu'il ſe chargeait de ma conſcience; & il a fini ſon difcours, auquel je ne comprenais rien, par ces paroles, *io la convertero*. Cela ſignifie en italien, autant que j'en puis juger, *je la retournerai*.

Quoi, diſais-je en moi-même, il me retournera! qu'entend-il par me retourner? veut-il dire qu'il me rendra à ma patrie? Ah! père *Fa tutto*, lui ai-je dit, retournez donc le jeune *Amabed* mon tendre époux: rendez-moi mon ame, rendez-moi ma vie.

Alors il a baiſſé les yeux; il a parlé en ſecret aux quatre fantômes dans un coin de la chambre. Ils ſont partis avec les deux hallebardiers. Tous ont fait une profonde révérence au tableau qui repréſente un homme

B 3

tout nud; & le père *Fá tutto* eft refté feul
avec moi.

Il m'a conduite dans une chambre affez pró-
pre, & m'a promis que fi je voulais m'abatt-
donner à fes confeils je ne ferais plus enfermée dans une foffe. Je fuis défefpéré comme
vous, m'a-t-il dit, de tout ce qui eft arivé.
Je m'y fuis opofé autant que j'ai pu; mais
nos faintes loix m'ont lié les mains. Enfin,
graces au ciel & à moi, vous ètes libre dans
une bonne chambre, dont vous ne pouvez
pas fortir. Je viendrai vous y voir fouvent,
je vous confolerai, je travaillerai à votre félicité préfente & future.

Ah! lui ai-je répondu, il n'y a que mon
cher *Amabed* qui puiffe la faire cette félicité,
& il eft dans une foffe! pourquoi y ai-je été
plongée? qui font ces fpectres qui m'ont demandé fi j'avais été baignée? où m'avez-vous
conduite? m'avez-vous trompée? eft-ce vous
qui ètes la caufe de ces horribles cruautés?
faites-moi venir le marchand *Courfom* qui eft
de mon pays & homme de bien. Rendez-moi
ma fuivante, ma compagne, mon amie *Déra*
dont on m'a féparée. Eft-elle auffi dans un
cachot pour avoir été baignée? qu'elle vienne;
que je revoye *Amabed*, ou que je meure.

Il a répondu à mes difcours & aux fan-
glots qui les entrecoupaient, par des proteftations de fervice & de zèle dont j'ai été tou-
chée. Il m'a promis qu'il m'inftruirait des
caufes de toute cette épouvantable avanture,
& qu'il obtiendrait qu'on me rendît ma pau-

vre *Déra*, en atendant qu'il pût parvenir à délivrer mon mari. Il m'a plainte ; j'ai vu même ſes yeux un peu mouillés. Enfin au ſon d'une cloche il eſt ſorti de ma chambre en me prenant la main, & en la mettant ſur ſon cœur. C'eſt le ſigne viſible, comme tu le ſais, de la ſincérité qui eſt inviſible. Puiſqu'il a mis ma main ſur ſon cœur il ne me trompera pas. Eh pourquoi me tromperait-il ? que lui ai-je fait pour me perſécuter ? nous l'avons ſi bien traité à Bénarès mon mari & moi ! Je lui ai fait tant de préſens quand il m'enſeignait l'italien ! il a fait des vers italiens pour moi, il ne peut pas me haïr. Je le regarderai comme mon bienfaiteur s'il me rend mon malheureux époux, ſi nous pouvons tous deux ſortir de cette terre envahie & habitée par des antropophages, ſi nous pouvons venir embraſſer tes genoux à Maduré, & recevoir tes ſaintes bénédictions.

TROISIEME LETTRE

D'Adaté *à* Shaſtaſid.

TU permets ſans doute, généreux *Shaſtaſid*, que je t'envoye le journal de mes infortunes inouies ; tu aimes *Amabed*, tu prends pitié de mes larmes, tu lis avec intérèt dans un cœur percé de toutes parts, qui te déploye ſes inconſolables afflictions.

B 4

On m'a rendu mon amie *Déra*, & je pleuré avec elle. Les monftres l'avaient defcendue dans une foffe comme moi. Nous n'avons nulle nouvelle d'*Amabed*. Nous fommes dans la même maifon ; & il y a entre nous un efpace infini , un cahos impénétrable. Mais voici des chofes qui vont faire frémir ta vertu & qui déchireront ton ame jufte.

Ma pauvre *Déra* a fu par un de ces deux fatellites qui marchent toujours devant les cinq antropophages , que cette nation a un batème comme nous. J'ignore comment nos facrés rites ont pu parvenir jufqu'à eux. Ils ont prétendu que nous avions été batifés fuivant les rites de leur fecte. Ils font fi ignorans qu'ils ne favent pas qu'ils tiennent de nous le batème depuis très-peu de fiécles. Ces barbares fe font imaginés que nous étions de leur fecte, & que nous avions renoncé à leur culte. Voila ce que voulait dire ce mot *apoftata* que les antropophages faifaient retentir à mes oreilles avec tant de férocité. Ils difent que c'eft un crime horrible , & digne des plus grands fuplices d'être d'une autre religion que la leur. Quand le père *Fa tutto* leur difait *io la convertero* , je la retournerai , il entendait qu'il me ferait retourner à la religion des brigands. Je n'y conçois rien ; mon efprit eft couvert d'un nuage comme mes yeux. Peut-être mon défefpoir trouble mon entendement. Mais je ne puis comprendre comment ce *Fa tutto* , qui me connait fi bien, a pu dire qu'il me ramènerait à une religion que je n'ai

jamais connue, & qui eft auffi ignorée dans
nos climats que l'étaient les Portugais, quand
ils font venus pour la première fois dans
l'Inde chercher du poivre les armes à la main.
Nous nous perdons dans nos conjectures la
bonne *Déra* & moi. Elle foupçonne le père
Fa tutto de quelques deffeins fecrets. Mais
me préferve *Birma* de former un jugement
téméraire !

J'ai voulu écrire au grand brigand *Albuquerke* pour implorer fa juftice, & pour lui
demander la liberté de mon cher mari. Mais
on m'a dit qu'il était parti pour aller fur-
prendre Bombay & le piller. Quoi! venir de
fi loin dans le deffein de ravager nos habi-
tations & de nous tuer ! & cependant ces
monftres font batifés comme nous ! on dit
pourtant que cet *Albuquerke* a fait quelques
belles actions. Enfin je n'ai plus d'efpérance
que dans l'Etre des êtres qui doit punir le
crime & protéger l'innocence. Mais j'ai vu
ce matin un tigre qui dévorait deux agneaux.
Je tremble de n'être pas affez précieufe devant l'Etre des êtres pour qu'il daigne me
fecourir.

QUATRIEME LETTRE

*D'*Adaté *à* Shaftafid.

IL fort de ma chambre, ce père *Fa tutto ;*
quelle entrevue ! quelle complication de per-
fidies, de paffions & de noirceurs ! le cœur
humain eft donc capable de réunir tant d'a-
trocités ! comment les écrirai-je à un jufte ?
   Il tremblait quand il eft entré. Ses yeux
étaient baiffés, j'ai tremblé plus que lui.
Bientôt il s'eft raffuré. Je ne fais pas, m'a-
t-il dit, fi je pourai fauver votre mari. Les
juges ont ici quelquefois de la compaffion
pour les jeunes femmes, mais ils font bien
févères pour les hommes. Quoi ! la vie de
mon mari n'eft pas en fûreté ? je fuis tombée
en faibleffe. Il a cherché des eaux fpiritueu-
fes pour me faire revenir, il n'y en avait
point. Il a envoyé ma bonne *Déra* en acheter à l'autre bout de la rue chez un Banian.
Cependant il m'a délacée pour donner paffage
aux vapeurs qui m'étoufaient. J'ai été étonnée en revenant à moi de trouver fes mains
fur ma gorge, & fa bouche fur la mienne.
J'ai jetté un cri afreux, je me fuis reculée
d'horreur. Il m'a dit, je prenais de vous un
foin que la charité commande. Il falait que
votre gorge fût en liberté, & je m'affurais
de votre refpiration.

Ah! prenez foin que mon mari refpire.
Eft-il encor dans cette foffe horrible?.....
Non, m'a-t-il répondu. J'ai eu avec bien de
la peine le crédit de le faire transférer dans
un cachot plus commode....... Mais encor
une fois, quel eft fon crime, quel eft le mien?
d'où vient cette épouvantable inhumanité!
pourquoi violer envers nous les droits de
l'hofpitalité, celui des gens, celui de la nature !..... C'eft notre fainte religion qui exige
de nous ces petites févérités. Vous & votre
mari, vous êtes acufés d'avoir renoncé tous
deux à votre batème.

Je me fuis écriée alors, que voulez-vous
dire! nous n'avons jamais été batifés à votre
mode; nous l'avons été dans le Gange au
nom de *Brama*. Eft-ce vous qui avez perfuadé
cette exécrable impofture aux fpectres qui
m'ont interrogée ? quel pouvait être votre
deffein?

Il a rejetté bien loin cette idée. Il m'a
parlé de vertu, de vérité, de charité; il a
prefque diffipé un moment mes foupçons,
en m'affurant que ces fpectres font des gens
de bien, des hommes de DIEU, des juges
de l'ame qui ont partout de faints efpions,
& principalement auprès des étrangers qui
abordent dans Goa. Ces efpions ont, dit-il,
juré à fes confrères les juges de l'ame, devant le tableau de l'homme tout nud, qu'*A-
mabed* & moi nous avons été batifés à la
mode des brigands portugais, qu'*Amabed* eft
apoftata, & que je fuis *apoftata*.

O vertueux *Shaſtaſid*, ce que j'entends, ce que je vois de moment en moment me faiſit d'épouvante depuis la racine des cheveux juſqu'à l'ongle du petit doigt du pied!

Quoi! vous ètes, ai-je dit au père *Fa tutto*, un des cinq hommes de DIEU, un des juges de l'ame!..... Oui, ma chère *Adaté*, oui *Charme des yeux*, je ſuis un des cinq dominicains délégués par le vice-dieu de l'univers pour diſpoſer ſouverainement des ames & des corps...... Qu'eſt-ce qu'un dominicain? qu'eſt-ce qu'un vice-dieu?..... Un dominicain eſt un prètre, enfant de *ſaint Dominique* inquiſiteur pour la foi. Et un vice-dieu eſt un prètre que DIEU a choiſi pour le repréſenter, pour jouir de dix millions de roupies par an, & pour envoyer dans toute la terre des dominicains vicaires du vicaire de DIEU.

J'eſpère, grand *Shaſtaſid*, que tu m'expliqueras ce galimatias infernal, ce mélange incompréhenſible d'abſurdités & d'horreurs, d'hypocriſie & de barbarie.

Fa tutto me diſait tout cela avec un air de componction, avec un ton de vérité, qui dans un autre tems aurait pu produire quelque éfet ſur mon ame ſimple & ignorante. Tantôt il levait les yeux au ciel, tantôt il les arètait ſur moi. Ils étaient animés & remplis d'atendriſſement. Mais cet atendriſſement jettait dans tout mon corps un friſſonnement d'horreur & de crainte. *Amabed* eſt continuellement dans ma bouche comme dans mon cœur. Rendez-moi mon cher *Amabed*; c'était le commencement, le milieu & la fin de tous mes difcours.

Ma bonne *Déra* arive dans ce moment ; elle m'aporte des eaux de cinnamum & d'amomum. Cette charmante créature a trouvé le moyen de remettre au marchand *Courfom* mes trois lettres précédentes. *Courfom* part cette nuit, il fera dans peu de jours à Maduré. Je ferai plainte du grand *Shaftafid*, il verfera des pleurs fur le fort de mon mari, il me donnera des confeils ; un rayon de fa fageffe pénétrera dans la nuit de mon tombeau.

R É P O N S E

Du brame Shaftafid *aux trois lettres précédentes d'*Adaté.

Ertueufe & infortunée *Adaté*, époufe de mon cher difciple *Amabed*, *Charme des yeux*, les miens ont verfé fur tes trois lettres des ruiffeaux de larmes. Quel démon ennemi de la nature a déchaîné du fond des ténèbres, de l'Europe les monftres à qui l'Inde eft en proie ! quoi ! tendre époufe de mon cher difciple, tu ne vois pas que le père *Fa-tutto* eft un fcélérat qui t'a fait tomber dans le piège ! tu ne vois pas que c'eft lui feul qui a fait enfermer ton mari dans une foffe, & qui t'y a plongée toimême pour que tu lui euffes l'obligation de t'en avoir tirée ? que n'exigera-t-il pas de ta

reconnaiffance ? je tremble avec toi : je donne
part de cette violation du droit des gens à
tous les pontifes de *Bruma*, à tous les omras,
à tous les rayas, aux nababs, au grand empereur des Indes lui-mème le fublime *Babar*
roi des rois, coufin du foleil & de la lune,
fils de *Mirfamachamed*, fils de *Semcor*, fils
d'*Abouchaïd*, fils de *Mirdcha*, fils de *Timur*,
afin qu'on s'opofe de tous côtés au brigandage
des voleurs d'Europe. Quelles profondeurs
de fcélerateffes ! jamais les prètres de *Timur*,
de *Gengis-Kan*, d'*Alexandre*, d'*Oguskan*, de
Sefac, de *Bacchus*, qui tour-à-tour vinrent
fubjuguer nos faintes & paifibles contrées,
ne permirent de pareilles horreurs hypo-
crites ; au contraire *Alexandre* laiffa partout
des marques éternelles de fa générofité. *Bacchus* ne fit que du bien, c'était le favori du
ciel ; une colonne de feu conduifait fon armée
pendant la nuit, & une nuée marchait devant elle pendant le jour (*a*). Il traverfait

_____

(*a*) Il eft indubitable que les fables concernant *Bacchus* étaient fort communes en Arabie & en Grèce longtems avant que les nations fuffent informées fi les Juifs
avaient une hiftoire ou non. *Jofeph* avoue même que
les Juifs tinrent toujours leurs livres cachés à leurs voifins. *Bacchus* était révéré en Egypte, en Arabie, en
Grèce longtems avant que le nom de *Moïfe* pénétrât
dans ces contrées. Les anciens vers orphiques appellent
Bacchus Mifa ou *Mofa*. Il fut élevé fur la montagne
de Nifa qui eft précifément le mont Sina. Il s'enfuit
vers la mer rouge, il y raffembla une armée & paffa avec
elle cette mer à pied fec. Il aréta le foleil & la lune.
Son chien le fuivit dans toutes fes expéditions, & le nom
de *Caleb*, l'un des conquérans hébreux, fignifie *chien*.

la mer rouge à pied fec, il commandait au
foleil & à la lune de s'arêter quand il le
falait ; deux gerbes de rayons divins fortaient
de fon front. L'ange exterminateur était de-
bout à fes côtés ; mais il employait toujours
l'ange de la joye. Votre *Albuquerke* au contraire n'eft venu qu'avec des moines, des
fripons de marchands & des meurtriers.
Courfom le jufte m'a confirmé le malheur d'*A-
mabed* & le vôtre. Puiffai-je avant ma mort
vous fauver tous deux, ou vous venger !
Puiffe l'éternel *Birma* vous tirer des mains
du moine *Fa tutto !* mon cœur faigne des
bleffures du vôtre.

N B. Cette lettre ne parvint à *Charme des
yeux* que long-tems après, lorfqu'elle partit
de la ville de Goa.

Les favans ont beaucoup difputé & ne font pas conve-
nus fi *Moïfe* eft antérieur à *Bacchus* ou *Bacchus* à *Moïfe*.
Ils font tous deux de grands-hommes ; mais *Moïfe* en
frapant un rocher avec fa baguette n'en fit fortir que
de l'eau, au-lieu que *Bacchus* en frapant la terre de
fon thirfe en fit fortir du vin. C'eft de là que toutes
les chanfons de table célèbrent *Bacchus*, & qu'il n'y a
peut être pas deux chanfons en faveur de *Moïfe*.

CINQUIEME LETTRE

*D'*Adaté, *au grand brame* Shaftafid.

DE quels termes oferai-je me fervir pour exprimer mon nouveau malheur ! comment la pudeur poura-t-elle parler de la honte ? *Birma* a vu le crime, & il l'a foufert! que deviendrai-je! La foffe où j'étais enterrée eft bien moins horrible que mon état.

Le père *Fa tutto* eft entré ce matin dans ma chambre tout parfumé, & couvert d'une fimare de foye légère. J'étais dans mon lit. Victoire, m'a-t-il dit, l'ordre de délivrer votre mari eft figné. A ces mots les tranfports de la joye fe font emparés de tous mes fens, je l'ai nommé *mon protecteur*, *mon père.* Il s'eft penché vers moi, il m'a embraffée. J'ai cru d'abord que c'était une careffe innocente, un témoignage chafte de fes bontés pour moi ; mais dans le même inftant écartant ma couverture, dépouillant fa fimare, fe jettant fur moi comme un oifeau de proye fur une colombe, me preffant du poids de fon corps, ôtant de fes bras nerveux tout mouvement à mes faibles bras, arrêtant fur mes lèvres ma voix plaintive par des baifers criminels, enflammé, invincible, inexorable... Quel moment, & pourquoi ne fuis-je pas morte!

Déra prefque nue eft venue à mon fecours, mais

mais lorfque rien ne pouvait plus me fecourir qu'un coup de tonnerre. O providence de *Birma !* il n'a point tonné, & le déteftable *Fa tutto* a fait pleuvoir dans mon fein la brulante rofée de fon crime. Non, *Drugha* elle-même avec fes dix bras céleftes n'aurait pu déranger ce (*a*) *Mofafor* indomptable.

Ma chère *Déra* le tirait de toutes fes forces; mais figurez-vous un paffereau qui béquéterait le bout des plumes d'un vautour acharné fur une tourterelle; c'eft l'image du père *Fa tutto*, de *Déra*, & de la pauvre *Adaté*.

Pour fe venger des importunités de *Déra*, il la faifit elle-même, la renverfe d'une main en me retenant de l'autre, il la traite comme il m'a traitée fans miféricorde; enfuite il fort fiérement comme un maitre qui a châtié deux efclaves, & nous dit, fachez que je vous punirai ainfi toutes deux quand vous ferez les mutines.

Nous fommes reftées *Déra* & moi un quart d'heure fans ofer dire un mot, fans ofer nous regarder. Enfin *Déra* s'eft écriée, áh! ma chère maitreffe, quel homme! tous les gens de fon efpèce font-ils auffi cruels que lui?

Pour moi, je ne penfais qu'au malheureux *Amabed*. On m'a promis de me le rendre, & on ne me le rend point. Me tuer c'était

(*a*) Ce *Mofafor* eft l'un des principaux anges rebelles qui combatirent contre l'Eternel, comme le raporte l'*Autorasbufta* le plus ancien livre des bracmanes, & c'eft-là probablement l'origine de la guerre des titans & de toutes les fables imaginées depuis fur ce modèle.

C

l'abandonner ; ainfi je ne me fuis pas tuée.

Je ne m'étais nourie depuis un jour que de ma douleur. On ne nous a point aporté à manger à l'heure acoutumée. *Déra* s'en étonnait & s'en plaignait. Il me paraiffait bien honteux de manger après ce qui nous était arivé. Cependant nous avions un apétit dévorant. Rien ne venait, & après nous être pâmées de douleur nous nous 'évanouiffions de faim.

Enfin fur le foir on nous a fervi une tourte de pigeonneaux, une poularde & deux perdrix, avec un feul petit pain ; & pour comble d'outrage une bouteille de vin fans eau. C'eft le tour le plus fanglant qu'on puiffe jouer à deux femmes comme nous, après tout ce que nous avions foufert. Mais que faire ! je me fuis mife à genoux. O *Birma !* ô *Vifnou !* ô *Brama*, vous favez que l'ame n'eft point fouillée de ce qui entre dans le corps. Si vous m'avez donné une ame, pardonnez-lui la néceffité funefte où eft mon corps de n'être pas réduit aux légumes ; je fais que c'eft un péché horrible de manger du poulet ; mais on nous y force. Puiffent tant de crimes retomber fur la tête du père *Fa tutto !* Qu'il foit après fa mort changé en une jeune malheureufe Indienne ; que je fois changée en dominicain, que je lui rende tous les maux qu'il m'a faits, & que je fois plus impitoyable encor pour lui qu'il ne l'a été pour moi. Ne fois point fcandalifé, pardonne, vertueux *Shaftafd !* Nous nous fom-

mes mifes à table. Qu'il eft dur d'avoir des
plaifirs qu'on fe reproche!

Poftcrit.

Immédiatement après dîné j'écris au modé-
rateur de Goa, qu'on apelle *le corégidor*.
Je lui demande la liberté d'*Amabed* & la mienne; je l'inftruis de tous les crimes du père
Fa tutto. Ma chère *Déra* dit qu'elle lui fera
parvenir ma lettre par cet alguazil des inqui-
fiteurs pour la foi, qui vient quelquefois la
voir dans mon antichambre, & qui a pour
elle beaucoup d'eftime. Nous verrons ce que
cette démarche hardie poura produire.

SIXIEME LETTRE

D'Adaté.

LE croirais-tu, fage inftructeur des hommes! il y a des juftes à Goa! & *Don Jéronimo* le corégidor en eft un. Il a été tou-
ché de mon malheur & de celui d'*Amabed.*
L'injuftice le révolte, le crime l'indigne. Il
s'eft tranfporté avec des oficiers de juftice à
la prifon qui nous renferme. J'aprends qu'on
apelle ce repaire *le palais du faint ofice.* Mais
ce qui t'étonnera, on lui a refufé l'entrée.
Les cinq fpectres fuivis de leurs hallebardiers
fe font préfentés à la porte, & ont dit à la
juftice, au nom de DIEU tu n'entreras pas.
J'entrerai au nom du roi, a dit le corégidor;

c'eſt un cas royal. C'eſt un cas ſacré, ont répondu les ſpeĉtres. *Don Jéronimo le juſte* a dit, je dois interroger *Amabed*, *Adaté*; *Déra*, & le père *Fa tutto*. Interroger un inquiſiteur, un dominicain ! s'eſt écrié le chef des ſpeĉtres, c'eſt un ſacrilège ; *ſcommunicao*, *ſcommunicao*. On dit que ce ſont des mots terribles ; & qu'un homme ſur qui on les a prononcés meurt ordinairement au bout de trois jours.

Les deux partis ſe ſont échaufés, ils étaient prêts d'en venir aux mains. Enfin ils s'en ſont raportés à l'obiſpo de Goa. Un obiſpo eſt à-peu-près parmi ces barbares ce que tu es chez les enfans de *Brama*; c'eſt un intendant de leur religion ; il eſt vêtu de violet, & il porte aux mains des ſouliers violets. Il a ſur la tète, les jours de cérémonie, un pain de ſucre fendu en deux. Cet homme a décidé que les deux partis avaient également tort, & qu'il n'apartenait qu'à leur vice - dieu de juger le père *Fa tutto*. Il a été convenu qu'on l'enverrait par devant ſa divinité avec *Amabed* & moi, & ma fidèle *Déra*.

Je ne ſais où demeure ce vice-dieu, ſi c'eſt dans le voiſinage du grand *Lama*, ou en Perſe, mais n'importe. Je vais revoir *Amabed*, j'irais avec lui au bout du monde, au ciel, en enfer. J'oublie dans ce moment ma foſſe, ma priſon, les violences de *Fa tutto*, ſes perdrix que j'ai eu la lâcheté de manger, & ſon vin que j'ai eu la faibleſſe de boire.

SEPTIEME LETTRE

D'Adaté.

JE l'ai revu, mon tendre époux, on nous a réunis, je l'ai tenu dans mes bras. Il a éfacé la tache du crime dont cet abominable *Fa tutto* m'avait fouillée; femblable à l'eau fainte du Gange qui lave toutes les macules des ames, il m'a rendu une nouvelle vie; il n'y a que cette pauvre *Déra* qui refte encor profanée, mais tes prières & tes bénédictions remettront fon innocence dans tout fon éclat.

On nous fait partir demain fur un vaif-feau qui fait voile pour Lisbonne. C'eft la patrie du fier *Albuquerke*. C'eft-là fans doute qu'habite ce vice-dieu, qui doit juger entre *Fa tutto* & nous. S'il eft vice-dieu, comme tout le monde l'affure ici, il eft bien certain qu'il damnera *Fa tutto*. C'eft une petite con-folation, mais je cherche bien moins la pu-nition de ce terrible coupable, que le bon-heur du tendre *Amabed*.

Quelle eft donc la deftinée des faibles mor-tels, de ces feuilles que les vents emportent! Nous fommes nés *Amabed* & moi fur les bords du Gange; on nous emmène en Por-tugal ; on va nous juger dans un monde in-connu, nous qui fommes nés libres! Re-verrons-nous jamais nôtre patrie? pourons-

C 3

nous acomplir le pélérinage que nous médi-
tions vers ta perſonne ſacrée?

Comment pourons-nous, moi & ma chère
Déra, ètre enfermées dans le mème vaiſſeau
avec le père *Fa tutto?* cette idée me fait trem-
bler. Heureuſement j'aurai mon brave époux
pour me défendre. Mais que deviendra *Déra*
qui n'a point de mari? enfin nous nous re-
commandons à la Providence.

Ce ſera déſormais mon cher *Amabed* qui
t'écrira ; il fera le journal de nos deſtins ; il
te peindra la nouvelle terre & les nouveaux
cieux que nous allons voir. Puiſſe *Brama*
conſerver longtems ta tète raſe & l'entendement divin qu'il a placé dans la moëlle de ton
cerveau !

PREMIERE LETTRE

D'Amabed à Shaſtaſid, *après ſa captivité.*

JE ſuis donc encor au nombre des vivans !
c'eſt donc moi qui t'écris, divin *Shaſtaſid*,
j'ai tout ſu, & tu ſais tout. *Charme des yeux*
n'a point été coupable ; elle ne peut l'ètre.
La vertu eſt dans le cœur & non ailleurs. Ce
rinocerot de *Fa tutto*, qui avait couſu à ſa
peau celle du renard, ſoutient hardiment
qu'il nous a batiſés *Adaté* & moi, dans Bénarès à la mode de l'Europe ; que je ſuis *apoſta-*

to, & que *Charme des yeux* eſt *apoſtata*. Il
jure par l'homme nud qui eſt peint ici ſur
preſque toutes les murailles, qu'il eſt injuſ-
tement acuſé d'avoir violé ma chère épouſe
& ta jeune *Déra. Charme des yeux* de ſon
côté, & la douce *Déra*, jurent qu'elles ont
été violées. Les eſprits européans ne peu-
vent percer ce ſombre abime ; ils diſent tous
qu'il n'y a que leur vice-dieu qui puiſſe y
rien connaître, atendu qu'il eſt infaillible.

Don Jéronimo, le corégidor, nous fait tous
embarquer demain pour comparaître devant
cet être extraordinaire qui ne ſe trompe jamais. Ce grand juge des barbares ne ſiège
point à Lisbonne, mais beaucoup plus loin,
dans une ville magnifique qu'on nomme *Roume*. Ce nom eſt abſolument inconnu chez
nos Indiens. Voila un terrible voyage. A
quoi les enfans de *Brama* ſont-ils expoſés
dans cette courte vie !

Nous avons pour compagnons de voyage
des marchands d'Europe, des chanteuſes,
deux vieux oficiers des troupes du rôi de
Portugal qui ont gagné beaucoup d'argent
dans notre pays, des prêtres du vice-dieu,
& quelques ſoldats.

C'eſt un grand bonheur pour nous d'avoir
apris l'italien, qui eſt la langue courante de
tous ces gens-là ; car comment pourrions-
nous entendre le jargon portugais ? mais ce
qui eſt horrible, c'eſt d'être dans la même
barque avec un *Fa tutto*. On nous fait coucher ce ſoir à bord pour démarer demain au

C 4

lever du foleil. Nous aurons une petite chambre de fix pieds de long fur quatre de large, pour ma femme & pour *Déra*. On dit que c'eft une faveur infigne. Il faut faire fes petites provifions de toute efpèce. C'eft un bruit, c'eft un tintamare inexprimable. La foule du peuple fe précipite pour nous regarder. *Charme des yeux* eft en larmes, *Déra* tremble; il faut s'armer de courage. Adieu, adreffe pour nous tes faintes prières à l'Eternel qui créa les malheureux mortels, il y a jufte cent quinze mille fix cent cinquante-deux révolutions annuelles du foleil autour de la terre, ou de la terre autour du foleil.

SECONDE LETTRE

D'Amabed *pendant fa route.*

APrès un jour de navigation, le vaiffeau s'eft trouvé vis-à-vis Bombay, dont l'exterminateur *Albuquerke*, qu'on apelle ici *le grand*, s'eft emparé. Auffi-tôt un bruit infernal s'eft fait entendre, notre vaiffeau a tiré neuf coups de canon; on lui en a répondu autant des remparts de la ville. *Charme des yeux* & la jeune *Déra* ont cru être à leur dernier jour. Nous étions couverts d'une fumée épaiffe. Croirais-tu, fage *Shaftafid*, que ce font-là des politeffes! c'eft la façon

dont ces barbares fe faluent. Une chaloupe
a aporté des lettres pour le Portugal; alors
nous avons fait voile dans la grande mer,
laiffant à notre droite les embouchures du
grand fleuve Zonboudipo, que les barbares
apellent l'*Indus*.

Nous ne voyons plus que les airs, nommés
ciel par ces brigands fi peu dignes du ciel,
& cette grande mer que l'avarice & la cruauté
leur a fait traverfer.

Cependant le capitaine paraît un homme
honnête & prudent. Il ne permet pas que
le père *Fa tutto* foit fur le tillac quand nous
y prenons le frais; & lorfqu'il eft en haut
nous nous tenons en bas. Nous fommes comme le jour & la nuit qui ne paraiffent jamais
enfemble fur le même horifon. Je ne ceffe
de réfléchir fur la deftinée qui fe joue des
malheureux mortels. Nous voguons fur la
mer des Indes avec un dominicain pour aller
être jugés dans Roume, à fix mille lieues de
notre patrie.

Il y a dans le vaiffeau un perfonnage con-
fidérable qu'on nomme l'*aumônier*. Ce n'eft
pas qu'il faffe l'aumône; au contraire on
lui donne de l'argent pour dire des prières
dans une langue qui n'eft ni la portugaife,
ni l'italienne, & que perfonne de l'équipage
n'entend; peut-être ne l'entend-il pas lui-même, car il eft toujours en difpute fur le fens
des paroles avec le père *Fa tutto*. Le capitaine m'a dit que cet aumônier eft francifcain,
& que l'autre étant dominicain, ils font obli-

C 5

gés en confcience de n'être jamais du même avis. Leurs fectes font ennemies jurées l'une de l'autre, auffi font-ils vêtus tous diféremment pour marquer la diférence de leurs opinions.

Ce francifcain s'apelle *Fa molto*. Il me prête des livres italiens concernant la religion du vice-dieu devant qui nous comparaîtrons. Nous lifons ces livres ma chère *Adaté* & moi. *Déra* affifte à la lecture. Elle y a eu d'abord de la répugnance craignant de déplaire à *Brama*. Mais plus nous lifons, plus nous nous fortifions dans l'amour des faints dogmes que tu enfeignes aux fidèles.

TROISIEME LETTRE

*Du journal d'*Amabed.

NOus avons lu avec l'aumônier des épîtres d'un des grands faints de la religion italienne & portugaife. Son nom eft *Pual*. Toi qui poffèdes la fcience univerfelle, tu connais *Pual* fans doute. C'eft un grand-homme. Il a été renverfé de cheval par une voix, & aveuglé par un trait de lumière. Il fe vante d'avoir été comme moi au cachot. Il ajoute qu'il a eu cinq fois trente-neuf coups de fouet, ce qui fait en tout cent quatre-vingt-quinze écourgées fur les feffes, plus,

trois fois des coups de bâton, fans fpécifier
le nombre; plus, il dit qu'il a été lapidé une
fois; cela eft violent, car on n'en revient
guères. Plus, il jure qu'il a été un jour &
une nuit au fond de la mer. Je le plains
beaucoup: mais en récompenfe il a été ravi
au troifiéme ciel. Je t'avoue, illuminé *Shaftafid*, que je voudrais en faire autant, duf-
fai-je acheter cette gloire par cent quatre-vingt-
quinze coups de verges bien apliqués fur le
derrière.

Il eft beau qu'un mortel jufques aux cieux s'élève:
Il eft beau même d'en tomber,

comme dit un de nos plus aimables poëtes
indiens, qui eft quelquefois fublime.

Enfin je vois qu'on a conduit comme moi
Pual à Roume pour être jugé. Quoi donc!
mon cher *Shaftafid*, Roume a donc jugé tous
les mortels dans tous les tems? Il faut certainement qu'il y ait dans cette ville quelque
chofe de fupérieur au refte de la terre. Tous
les gens qui font dans le vaiffeau ne jurent
que par Roume. On faifait tout à Goa au
nom de Roume.

Je te dirai bien plus. Le D I E U de notre
aumônier *Fa molto*, qui eft le même que celui de *Fa tutto*, nâquit & mourut dans un
pays dépendant de Roume, & il paya le tribut au zamorin qui régnait dans cette ville.
Tout cela ne te paraît-il pas bien furprenant?

Pour moi je crois rêver, & que tous les gens qui m'entourent rèvent aussi.

Notre aumônier *Fa molto* nous a lu des choses encor plus merveilleuses. Tantôt c'est un âne qui parle, tantôt c'est un de leurs saints qui passe trois jours & trois nuits dans le ventre d'une baleine, & qui en sort de fort mauvaise humeur. Ici c'est un prédicateur qui s'en va prêcher dans le ciel, monté sur un char de feu trainé par quatre chevaux de feu. Un docteur passe la mer à pied sec suivi de deux ou trois millions d'hommes qui s'enfuient avec lui. Un autre docteur arête le soleil & la lune ; mais cela ne me surprend point. Tu m'as apris que *Bacchus* en avait fait autant.

Ce qui me fait le plus de peine, à moi qui me pique de propreté & d'une grande pudeur, c'est que le D i e u de ces gens - là ordonne à un de ses prédicateurs de manger de la matière louable sur son pain ; & à un autre de coucher pour de l'argent avec des filles de joie & d'en avoir des enfans.

Il y a bien pis. Ce savant homme nous a fait remarquer deux sœurs *Oolla* & *Oliba*. Tu les connais bien, puisque tu as tout lu. Cet article a fort scandalisé ma femme. Le blanc de ses yeux en a rougi. J'ai remarqué que la bonne *Déra* était toute en feu à ce paragraphe. Il faut certainement que ce franciscain *Fa molto* soit un gaillard. Cependant il a fermé son livre dès qu'il a vu combien *Charme des yeux* & moi nous étions éfarouchés, & il eſt ſorti pour aller méditer ſur le texte.

Il m'a laiſſé ſon livre ſacré. J'en ai lu quelques pages au hazard. O *Brama!* ô juſtice éternelle, quels hommes que tous ces gens-là! Ils couchent tous avec leurs ſervantes dans leur vieilleſſe. L'un fait des infamies à ſa belle-mère, l'autre à ſa belle-fille. Ici c'eſt une ville toute entière qui veut abſolument traiter un pauvre prêtre comme une jolie fille. Là deux demoiſelles de condition enyvrent leur père, couchent avec lui l'une après l'autre, & en ont des enfans.

Mais ce qui m'a le plus épouvanté, le plus ſaiſi d'horreur, c'eſt que les habitans d'une ville magnifique à qui leur D I E U députa deux êtres éternels qui ſont ſans ceſſe au pied de ſon trône, deux eſprits purs reſplendiſſans d'une lumière divine... ma plume frémit comme mon ame... Le dirai-je? Oui. Ces habitans firent tout ce qu'ils purent pour violer ces meſſagers de D I E U. Quel péché abominable avec des hommes! Mais avec des anges cela eſt-il poſſible! cher *Shaſtaſid*, béniſſons *Birma*, *Viſnou* & *Brama*. Remercions-les de n'avoir jamais connu ces inconcevables turpitudes. On dit que le conquérant *Alexandre* voulut autrefois introduire cette coutume ſuperſtitieuſe parmi nous, qu'il polluait publiquement ſon mignon *Epheſtion*. Le ciel l'en punit. *Epheſtion* & lui périrent à la fleur de leur âge. Je te ſalue, maître de mon ame, efprit de mon efprit. *Adaté*, la trifte *Adaté* fe recommande à tes prières.

QUATRIEME LETTRE

D'Amabed à Shaftafid.

Du Cap qu'on apelle Bonne-Efpérance, le quinze du mois du
Rinocerot.

IL y a longtems que je n'ai étendu mes feuilles de coton fur une planche, & trempé mon
pinceau dans la laque noire délayée pour te
rendre un compte fidèle. Nous avons laiffé
loin derrière nous à notre droite le golfe
de Babelmandel qui entre dans la fameufe mer
rouge, dont les flots fe féparèrent autrefois
& s'amoncelèrent comme des montagnes pour
laiffer paffer *Bacchus* & fon armée. Je regret-
tais qu'on n'eût point mouillé aux côtes de
l'Arabie heureufe, ce pays prefque auffi beau
que le nôtre, dans lequel *Alexandre* voulait
établir le fiége de fon empire & l'entrepôt du
commerce du monde. J'aurais voulu voir
cet Aden ou Eden dont les jardins facrés furent fi renommés dans l'antiquité. Ce Moka
fameux par le café, qui ne croit jufqu'à préfent que dans cette province. Mecca où le
grand prophète des mufulmans établit le fiége
de fon empire, & où tant de nations de l'A-

fie, de l'Afrique & de l'Europe viennent tous
les ans baifer une pierre noire defcendue du
ciel, qui n'envoye pas fouvent de pareilles
pierres aux mortels; mais il ne nous eft pas
permis de contenter notre curiofité. Nous
voguons toujours pour ariver à Lisbonne, &
de là à Roume.

Nous avons déja paffé la ligne équinoxiale,
nous fommes defcendus à terre au royaume
de Mélinde où les Portugais ont un port con-
fidérable. Notre équipage y a embarqué de
l'yvoire, de l'ambre gris, du cuivre, de
l'argent & de l'or. Nous voici parvenus au
grand cap : c'eft le pays des Hottentots. Ces
peuples ne paraiffent pas defcendus des enfans de *Brama*. La nature y a donné aux
femmes un tablier que forme leur peau. Ce
tablier couvre leur joiau, dont les Hottentots
font idolâtres, & pour lequel ils font des
madrigaux & des chanfons. Ces peuples vont
tout nuds. Cette mode eft fort naturelle ;
mais elle ne me parait ni honnète, ni habile.
Un Hottentot eft bien malheureux; il n'a
plus rien à défirer quand il a vu fa Hotten-
tote par devant & par derrière. Le charme
des obftacles lui manque. Il n'y a plus rien
de piquant pour lui. Les robes de nos In-
diennes, inventées pour être trouffées, mar-
quent un génie bien fupérieur. Je fuis perfuadé que le fage Indien, à qui nous devons
le jeu des écheos & celui du trictrac, imagina
auffi les ajuftemens des dames pour notre
félicité.

Nous refterons deux jours à ce cap qui eft la borne du monde, & qui femble féparer l'orient de l'occident. Plus je réfléchis fur la couleur de ces peuples, fur le gloffement dont ils fe fervent pour fe faire entendre au lieu d'un langage articulé, fur leur figure, fur le tablier de leurs dames; plus je fuis convaincu que cette race peut avoir la même origine que nous.

Notre aumônier prétend que les Hottentots, les Nègres & les Portugais, defcendent du même père. Cette idée eft bien ridicule. J'aimerais autant qu'on me dît que les poules, les arbres & l'herbe de ce pays-là viennent des poules, des arbres & de l'herbe de Bénarès ou de Pekin.

CINQUIEME LETTRE

D'Amabed.

Du 16 au foir, au Cap dit de Bonne-Efpérance.

Voici bien une autre avanture. Le capitaine fe promenait avec *Charme des yeux* & moi fur un grand plateau, au pied duquel la mer du midi vient brifer fes vagues. L'aumônier *Fa molto* a conduit notre jeune *Déra* tout doucement dans une petite maifon nouvellement bâtie, qu'on apelle *un cabaret*.

La

La pauvre fille n'y entendait point fineſſe &
croyait qu'il n'y avait rien à craindre; parce
que cet aumônier n'eſt pas dominicain. Bientôt nous avons entendu des cris. Figure-
toi que le père *Fa tutto* a été jaloux de ce
tête-à-tête. Il eſt entré dans le cabaret en
furieux. Il y avait deux matelots qui ont été
jaloux auſſi. C'eſt une terrible paſſion que
la jalouſie. Les deux matelots & les deux
prêtres avaient beaucoup bû de cette liqueur
qu'ils diſent avoir été inventée par leur *Noé*,
& dont nous prétendons que *Bacchus* eſt l'auteur. Préſent funeſte, qui pourait être utile
s'il n'était pas ſi facile d'en abuſer. Les Européans diſent que ce breuvage leur donne de
l'eſprit. Comment cela peut-il être, puiſqu'il leur ôte la raiſon?

Les deux hommes de mer & les deux bon-
zes d'Europe ſe ſont gourmés violemment,
un matelot donnant ſur *Fa tutto*, celui-ci ſur
l'aumônier, ce franciſcain ſur l'autre matelot
qui rendait ce qu'il recevait: tous quatre chan-
geant de main à tout moment, deux contre
deux, trois contre un, tous contre tous,
chacun jurant, chacun tirant à ſoi notre infortunée qui jettait des cris lamentables. Le
capitaine eſt accouru au bruit. Il a frapé in-
diféremment ſur les quatre combatans; &
pour mettre *Déra* en ſûreté, il l'a menée dans
ſon quartier où elle eſt enfermée avec lui depuis deux heures. Les oficiers & les paſſa-
gers, qui ſont tous fort polis, ſe ſont aſſem-
blés autour de nous, & nous ont aſſuré que

D

les deux moines (c'eſt ainſi qu'ils les apel‑
lent) ſeraient punis ſévérement par le vice‑
dieu, dès qu'ils ſeraient arivés à Roume.
Cette eſpérance nous a un peu conſolés.

Au bout de deux heures le capitaine eſt re‑
venu, en nous ramenant *Déra* avec des civi‑
lités & des complimens dont ma chère fem‑
me a été très contente. O *Brama*, qu'il arive
d'étranges choſes dans les voyages, & qu'il
ferait bien plus ſage de reſter chez ſoi !

S I X I E M E L E T T R E

D'Amabed *pendant ſa route.*

JE ne t'ai point écrit depuis l'avanture de
notre petite *Déra*. Le capitaine, pendant la
traverſe, a toujours eu pour elle des bontés
très diſtinguées. J'avais peur qu'il ne redou‑
blât de civilités pour ma femme. Mais elle
a féint d'être groſſe de quatre mois. Les Por‑
tugais regardent les femmes groſſes comme des
perſonnes ſacrées qu'il n'eſt pas permis de cha‑
griner. C'eſt du moins une bonne coutume
qui met en ſûreté le cher honneur d'*Adaté.*
Le dominicain a eu ordre de ne ſe préſenter
jamais devant nous, & il a obéi.

Le franciſcain, quelques jours après la ſcè‑
ne du cabaret, vint nous demander pardon.
Je le tirai à part. Je lui demandai comment

ayant fait vœu de chasteté il avait pu s'émanciper à ce point. Il me répondit : il est vrai que j'ai fait ce vœu; mais si j'avais promis que mon sang ne coulerait jamais dans mes veines & que mes ongles & mes cheveux ne croîtraient pas, vous m'avouerez que je ne pourais acomplir cette promesse. Au lieu de nous faire jurer d'être chastes, il falait nous forcer à l'être & rendre tous les moines eunuques. Tant qu'un oiseau a ses plumes, il vole. Le seul moyen d'empêcher un cerf de courir, est de lui couper les jambes. Soyez très sûr que les prêtres vigoureux comme moi, & qui n'ont point de femmes, s'abandonnent malgré eux à des excès qui font rougir la nature, après quoi ils vont célébrer les saints mystères.

J'ai beaucoup apris dans la conversation avec cet homme. Il m'a instruit de tous ces mystères de sa religion qui m'ont tous étonné. Le révérend père Fa tutto, m'a-t-il dit, est un fripon qui ne croit pas un mot de tout ce qu'il enseigne. Pour moi j'ai des doutes violens; mais je les écarte, je me mets un bandeau sur les yeux, je repousse mes pensées & je marche comme je puis dans la carière que je cours. Tous les moines sont réduits à cette alternative; ou l'incrédulité leur fait détester leur profession, ou la stupidité la leur rend suportable.

Croirais-tu bien qu'après ces aveux il m'a proposé de me faire chrétien ? Je lui ai dit : comment pouvez-vous me présenter une religion dont vous n'êtes pas perfuadé vous-même, à moi qui fuis né dans la plus ancienne religion du monde, à moi dont le culte exiftait cent quinze mille trois cents ans pour le moins, de votre aveu, avant qu'il y eût des francifcains dans le monde !

Ah ! mon cher Indien, m'a-t-il dit, fi je pouvais réuffir à vous rendre chrétien, vous & la belle *Adaté*, je ferais crever de dépit ce maraut de dominicain qui ne croit pas à l'immaculée conception de la Vierge ! Vous feriez ma fortune, je pourais devenir *Obifpo* (a), ce ferait une bonne action, & D I E U vous en faurait gré.

C'eft ainfi, divin *Shaftafid*, que parmi ces barbares d'Europe on trouve des hommes qui font un compofé d'erreur, de faibleffe, de cupidité & de bêtife, & d'autres qui font des coquins conféquens & endurcis. J'ai fait part de ces converfations à *Charme des yeux*; elle a fouri de pitié. Qui l'eût cru que ce ferait dans un vaiffeau, en voguant vers les côtes d'Afrique, que nous aprendrions à connaitre les hommes !

(a) *Obifpo* eft le mot portugais qui fignifie *epifcopus*, évêque en langage gaulois. Ce mot n'eft dans aucun des quatre évangiles.

SEPTIEME LETTRE

D'Amabed.

QUel beau climat que ces côtes méridiona-
les, mais quels vilains habitans ! quels bru-
tes ! plus la nature a fait pour nous, moins
nous faifons pour elle. Nul art n'eft connu
chez tous ces peuples. C'eft une grande quef-
tion parmi eux s'ils font defcendus des finges, ou fi les finges font venus d'eux. Nos
fages ont dit que l'homme eft l'image de DIEU.
Voila une plaifante image de l'Etre éternel,
qu'un nez noir épaté avec peu ou point d'in-
telligence ! Un tems viendra fans doute où
ces animaux fauront bien cultiver la terre,
l'embellir par des maifons & par des jardins,
& connaitre la route des aftres. Il faut du
tems pour tout. Nous datons, nous autres,
notre philofophie de cent quinze mille fix
cent cinquante-deux ans. En vérité, fauf le
refpect que je te dois, je penfe que nous nous
trompons. Il me femble qu'il faut bien plus
de tems pour être arivés au point où nous
fommes. Mettons feulement vingt mille ans
pour inventer un langage tolérable, autant
pour écrire par le moyen d'un alphabet, autant pour la métallurgie, autant pour la cha-
rue & la navette, autant pour la navigation,
& combien d'autres arts encor exigent-ils de

fiécles ! les Caldéens datent de quatre cent
mille ans, & ce n'eſt pas encor aſſez.

Le capitaine a acheté ſur un rivage, qu'on
nomme *Angola*, ſix nègres qu'on lui a ven-
dus pour le prix courant de ſix bœufs. Il
faut que ce pays-là ſoit bien plus peuplé que
le nôtre, puiſqu'on y vend les hommes ſi
bon marché. Mais auſſi comment une ſi abondante population s'acorde-t-elle avec tant d'i-
gnorance ?

Le capitaine a quelques muſiciens auprès
de lui, il leur a ordonné de jouer de leurs
inſtrumens; & auſſi-tôt ces pauvres nègres ſe
ſont mis à danſer avec preſque autant de juſ-
teſſe que nos éléphans. Eſt-il poſſible qu'ai-
mant la muſique ils n'ayent pas ſu inventer
le violon, pas même la muſette! tu me di-
ras, grand *Shaſtaſid*, que l'induſtrie des éléphans mêmes n'a pas pû parvenir à cet éfort,
& qu'il faut atendre. A cela je n'ai rien à re-
pliquer.

HUITIEME LETTRE

D'Amabed.

L'Année eſt à peine révolue & nous voici à
la vue de Lisbonne, ſur le fleuve du Tage,
qui depuis longtems a la réputation de rou-
ler de l'or dans ſes flots. S'il eſt ainſi, d'où

vient donc que les Portugais vont en chercher si loin ? tous ces gens d'Europe répondent qu'on n'en peut trop avoir. Lisbonné
eft comme tu me l'avais dit, la capitale d'un
très petit royaume. C'eft la patrie de cet *Albuquerke* qui nous a fait tant de mal. J'avoue
qu'il y a quelque chofe de grand dans ces
Portugais qui ont fubjugué une partie de nos
belles contrées. Il faut que l'envie d'avoir du
poivre donne de l'induftrie & du courage.

Nous efpérions *Charme des yeux* & moi en-
trer dans la ville ; mais on ne l'a pas permis,
parce qu'on dit que nous fommes prifonniers
du vice-dieu, & que le dominicain *Fa tutto*,
le francifcain aumônier *Fa molto*, *Déra*, *Adaté*
& moi, nous devons tous être jugés à Roume.

On nous a fait pafſer fur un autre vaiſſeau
qui part pour la ville du vice-dieu.

Le capitaine eft un vieux Efpagnol, diférent en tout du Portugais qui en ufait fi po-
liment avec nous. Il ne parle que par mono-
fillabes, & encor très rarement. Il porte à fa
ceinture des grains enfilés qu'il ne ceffe de
compter. On dit que c'eft une grande marque
de vertu.

Déra regrette fort l'autre capitaine ; elle
trouve qu'il était bien plus civil. On a re-
mis à l'Efpagnol une groffe liaffe de papiers
pour inftruire notre procès en cour de Roume. Un fcribe du vaiſſeau l'a lu à haute voix.
Il prétend que le père *Fa tutto* fera condam-
né à ramer dans une des galères du vice-dieu,
& que l'aumônier *Fa molto* aura le fouet en

arivant. Tout l'équipage eſt de cet avis ; le
capitaine a ſerré les papiers ſans rien dire.
Nous mettons à la voile. Que *Brama* ait pitié de nous, & qu'il te comble de ſes faveurs!
Brama eſt juſte, mais c'eſt une choſe bien ſingulière qu'étant né ſur le rivage du Gange
j'aille ètre jugé à Roume. On aſſure pourtant que la même choſe eſt arivée à plus d'un
étranger.

NEUVIEME LETTRE

D'Amabed.

RIen de nouveau, tout l'équipage eſt ſilen-
cieux & morne comme le capitaine. Tu connais le proverbe indien, *tout ſe conforme aux
mœurs du maître.* Nous avons paſſé une mer
qui n'a que neuf mille pas de large entre deux
montagnes. Nous ſommes entrés dans une
autre mer ſemée d'iſles. Il y en a une fort
ſingulière ; elle eſt gouvernée par des reli-
gieux chrétiens, qui portent un habit court
& un chapeau, & qui font vœu de tuer tous
ceux qui portent un bonnet & une robe. Ils
doivent auſſi faire l'oraiſon. Nous avons mouillé dans une iſle plus grande & fort jolie,
qu'on nomme *Sicile;* elle était bien plus belle
autrefois; on parle de villes admirables dont
on ne voit plus que les ruines. Elle fut habitée par des dieux, des déeſſes, des géants,

des héros; on y forgeait la foudre. Une déef-
fe nommée *Cérès* la couvrit de riches moif-
fons. Le vice-dieu a changé tout cela ; on
y voit beaucoup de proceffions & de coupeurs.
de bourfe.

DIXIEME LETTRE

D'Amabed.

ENfin nous voici fur la terre facrée du vice-dieu. J'avais lu dans le livre de l'aumônier que ce pays était d'or & d'azur, que les
murailles étaient d'émeraudes & de rubis, que
les ruiffeaux étaient d'huile, les fontaines de
lait, les campagnes couvertes de vignes dont
chaque fep produifait cent tonneaux de vin (a).
Peut-être trouverons-nous tout cela quand
nous ferons auprès de Roume.

Nous avons abordé avec beaucoup de peine.
dans un petit port fort incommode, qu'on
apelle *la cité vieille.* Elle tombe en ruines,
& eft fort bien nommée.

On nous a donné pour nous conduire des
charettes atelées par des bœufs. Il faut que
ces bœufs viennent de loin, car la terre à
droite & à gauche n'eft point cultivée ; ce ne

(a) Il veut aparemment parler de la fainte Jérufalem
décrite dans le livre exact de l'Apocalypfe, dans *Juftin*,
dans *Tertulien*, *Irénée*, & autres grands perfonnages. Mais
on voit bien que ce pauvre brame n'en avait qu'une idée
très imparfaite.

font que des marais infects , des bruières , des landes ftériles. Nous n'avons vu dans le chemin que des gens couverts de la moitié d'un manteau fans chemife , qui nous demandaient l'aumône fiérement. Ils ne fe nouriffent , nous a-t-on dit , que de petits pains très plats qu'on leur donne gratis le matin , & ne s'abreuvent que d'eau bénite.

Sans ces troupes de gueux , qui fôñt cinq ou fix mille pas pour obtenir par leurs lamentations la trentiéme partie d'une roupie, ce canton ferait un défert afreux. On nóuś avertit même que quiconque y paffe la nuit eft en danger de mort. Aparemment que Dieu eft fâché contre fon vicaire , puifqu'il lui a donné un pays qui eft le cloaque de la nature. J'apréndś que cette contrée a été autrefois très belle & très fertile , & qu'elle n'eft devenue fi miférable que depuis le tems où ces vicaires s'en font mis en poffeffion.

Je t'écris, fage *Shaftafid* , fur ma charette pour me défennuier. *Adaté* eft bien étonnée. Je t'écrirai dès que je ferai dans Roume.

ONZIEME LETTRE

D'Amabed.

NOus y voila , nous y fommes dans cette ville de Roume. Nous arivames hier en plein jour , le *trois du mois de la brebis* , qu'on dit ici le 15 Mars 1513. Nous avons d'abord éprouvé tout le contraire de ce que nous atendions.

A peine étions-nous à la porte dite de St. Pancrace (*a*) que nous avons vu deux troupes de spectres, dont l'une est vêtue comme notre aumônier, & l'autre comme le père *Fa tutto*. Elles avaient chacune une bannière à leur tête, & un grand bâton sur lequel était sculpté un homme tout nud, dans la même atitude que celui de Goa. Elles marchaient deux à deux & chantaient un air à faire bâiller toute une province. Quand cette procession fut parvenue à notre charette, une troupe cria c'est saint *Fa tutto*, l'autre c'est saint *Fa molto*. On baisa leurs robes, le peuple se mit à genoux. Combien avez-vous converti d'Indiens, mon révérend père ? quinze mille sept cent, disait l'un ; onze mille neuf cent, disait l'autre. Bénie soit la vierge *Marie*. Tout le monde avait les yeux sur nous, tout le monde nous entourait. Sont-ce là de vos catéchumènes, mon révérend père ? oui, nous les avons batisés. Vraiment ils sont bien jolis... Gloire dans les hauts ! gloire dans les hauts !

Le père *Fa tutto* & le père *Fa molto* furent conduits chacun par sa procession dans une maison magnifique, & pour nous, nous allames à l'auberge. Le peuple nous y suivit en criant *Cazzo*, *Cazzo*, en nous donnant

___

(*a*) C'était autrefois la porte du Janicule. Voyez comme la nouvelle Roume l'emporte sur l'ancienne.

des bénédictions , en nous baifant les mains ,
en donnant mille éloges à ma chère *Adaté*,
à *Déra* & à moi-même. Nous ne revenions
pas de notre furprife.

A peine fumes-nous dans notre auberge,
qu'un homme , vètu d'une robe violette acom-
pagné de deux autres en manteau noir , vint
nous féliciter fur notre arivée. La première
chofe qu'il fit fut de nous ofrir de l'argent de
la part de la *Propaganda* , fi nous en avions
befoin. Je ne fais pas ce que c'eft que cette
propagande. Je lui répondis qu'il nous en ref-
tait encor avec beaucoup de diamans (en éfet
j'avais eu le foin de cacher toujours ma bourfe
& une boete de brillans dans mon caleçon).
Auffi-tôt cet homme fe profterna prefque devant moi , & me traita d'*excellence*. Son excellence la fignora *Adaté* n'eft-elle pas bien
fatiguée du voyage ? ne va-t-elle pas fe coucher ? je crains de l'incommoder, mais je ferai toujours à fes ordres. Le fignor *Amabed*
peut difpofer de moi; je lui enverrai un *Cicéron* (b) qui fera à fon fervice; il n'a qu'à
commander. Veulent-ils tous deux, quand
ils feront repofés , me faire l'honneur de vé-
nir prendre le rafraichiffement chez moi, j'aurai l'honnenr de leur envoyer un caroffe ?

Il faut avouer, mon divin *Shaftafid*, que
les Chinois ne font pas plus polis que cette
nation occidentale. Ce feigneur fe retira

(b) On fait qu'on apelle à Rome *Cicéron* ceux qui font
métier de montrer aux étrangers les anticailles.

Nous dormimes fix heures la belle *Adaté* &
moi. Quand il fut nuit le caroffe vint nous
prendre. Nous allames chez cet homme civil. Son apartement était illuminé & orné de
tableaux, bien plus agréables que celui de
l'homme tout nud que nous avions vu à Goa.
Une très nombreufe compagnie nous, acabla
de careffes, nous admira d'être Indiens, nous
félicita d'être batifés, & nous ofrit fes fervi-
ces pour tout le tems que nous voudrions ref-
ter à Roume.

Nous voulions demander juftice du père
Fa tutto. On ne nous donna pas le tems d'en
parler. Enfin nous fumes reconduits, éton-
nés, confondus d'un tel acueil, & n'y com-
prenant rien.

DOUZIEME LETTRE

D'Amabed.

AUjourd'hui nous avons reçu des vifites
fans nombre, & une princeffe de Piombina
nous a envoyé deux écuyers nous prier de venir diner chez elle. Nous y fommes allés dans
un équipage magnifique. L'homme violet s'y
eft trouvé. J'ai fu que c'eft un des feigneurs,
c'eft-à-dire, un des valets du vice-dieu, qu'on
apelle préférés, *Prélati.* Rien n'eft plus aimable, plus honnète que cette princeffe de
Piombino. Elle m'a placé à table à côté d'elle.
Notre répugnance à manger des pigeons ro-

mains & des perdrix l'a fort surprise. Le préféré nous a dit que puisque nous étions batifés, il falait manger des perdrix, & boire
du vin de Montepuleiano; que tous les vices-
dieu en usaient ainsi, que c'était la marque
essentielle d'un véritable chrétien.

La belle *Adaté* a répondu avec sa naïveté
ordinaire qu'elle n'était pas chrétienne, qu'elle
avait été batisée dans le Gange. Eh mon Dieu!
madame, a dit le préféré, dans le Gange,
ou dans le Tibre, ou dans un bain, qu'importe! vous êtes des nôtres. Vous avez été
convertie par le père *Fa tutto*, c'est pour nous
un honneur que nous ne voulons pas perdre.
Voyez quelle supériorité notre religion a sur
la vôtre; & aussi-tôt il a couvert nos assiet-
tes d'ailes de gélinotes. La princesse a bu à
notre santé & à notre salut. On nous a pres-
sés avec tant de graces, on a dit tant de bons
mots, on a été si poli, si gai, si séduisant,
qu'enfin ensorcelés par le plaisir (j'en demande
pardon à *Brama*) nous avons fait *Adaté* &
moi la meilleure chère du monde, avec un
ferme propos de nous laver dans le Gange jus-
qu'aux oreilles à notre retour pour éfacer
notre péché. On n'a pas douté que nous ne
fussions chrétiens. Il faut, disait la princesse,
que ce père *Fa tutto* soit un grand million-
naire. J'ai envie de le prendre pour mon con-
fesseur. Nous rougissions, & nous baissions
les yeux ma pauvre femme & moi.

De tems en tems la signora *Adaté* faisait
entendre que nous venions pour être jugés

par le vice-dieu, & qu’elle avait la plus grande
envie de le voir. Il n’y en a point, nous a
dit la princeffe, il eft mort, & on eft ocupé
à préfent à en faire un autre. Dès qu’il fera
fait on vous préfentera à fa fainteté. Vous fe-
,rez témoin de la plus augufte fête que les hommes puiffent jamais voir ; & vous en ferez le
plus bel ornement. *Adaté* a répondu avec
efprit ; & la princeffe s’eft prife d’un grand
goût pour elle.

Sur la fin du repas nous avons eu une mufique qui était (fi j’ofe le dire) fupérieure à
celle de Bénarès & de Maduré.

Après diné, la princeffe a fait ateler quatre
chars dorés. Elle nous a fait monter dans le
fien. Elle nous a fait voir de beaux édifices ,
des ftatues, des peintures. Le foir on a danfé.
Je comparais fecrettement cette reception charmante avec le cu de baffe-foffe où nous avions
été renfermés dans Goa : & je comprenais à
peine comment le même gouvernement , la
même religion pouvaient avoir tant de douceur & d’agrément dans Roume , & exercer
au loin tant d’horreurs.

TREIZIEME LETTRE

D’Amabed.

Tandis que cette ville eft partagée fourde-
ment en petites factions pour élire un vice-
dieu, que ces factions animées de la plus forte

haine fe ménagent toutes avec une politeffe
qui reffemble à l'amitié, que le peuple regarde
les pères *Fa tutto* & *Fa molto* comme les fa-
voris de la divinité, qu'on s'empreffe autour
de nous avec une curiofité refpectueufe, je
fais, mon cher *Shaftafid*, de profondes ré-
flexions fur le gouvernement de Roume.

Je le compare au repas que nous a donné
la princeffe de Piombino. La falle était pro-
pre, commode & parée; l'or & l'argent bril-
laient fur les bufets; la gayeté, l'efprit & les
graces animaient les convives; mais dans les
cuifines le fang & la graiffe coulaient. Les
peaux des quadrupèdes, les plumes des oi-
feaux & leurs entrailles pèle-mèle amoncelés
foulevaient le cœur, & répandaient l'infection.

Telle eft, ce me femble, la cour romaine.
Polie & flateufe chez elle, ailleurs brouillon-
ne & tyrannique. Quand nous difons que
nous efpérons avoir juftice de *Fa tutto*, on
fe met doucement à rire; on nous dit que
nous fommes trop au deffus de ces bagatelles,
que le gouvernement nous confidère trop pour
foufrir que nous gardions le fouvenir d'une
telle *facétie*, que les *Fa tutto* & les *Fa molto*
font des efpèces de finges élevés avec foin pour
faire des tours de paffe-paffe devant le peuple;
& on finit par des proteftations de refpect &
d'amitié pour nous : quel parti veux-tu que
nous prenions, grand *Shaftafid?* je crois que
le plus fage eft de rire comme les autres, &
d'être poli comme eux. Je vais étudier Roume; elle en vaut la peine.

QUATOR-

QUATORZIEME LETTRE

D'Amabed.

IL y a un affez grand intervalle entre ma dernière lettre & la préfente. J'ai lu, j'ai vu, j'ai converfé, j'ai médité. Je te jure qu'il n'y eut jamais fur la terre une contradiction plus énorme qu'entre le gouvernement romain & fa religion. J'en parlais hier à un théologien du vice-dieu. Un théologien eft dans cette cour ce que font les derniers valets dans une maifon ; ils font la groffe befogne, portent les ordures ; & s'ils y trouvent quelque chifon qui puiffe fervir, ils le mettent à part pour le befoin.

Je lui difais, votre D I E U eft né dans une étable entre un bœuf & un âne, il a été élevé, a vécu, eft mort dans la pauvreté. Il a ordonné expreffément la pauvreté à fes difciples. Il leur a déclaré qu'il n'y aurait parmi eux ni premier, ni dernier, & que celui qui voudrait commander aux autres les fervirait.

Cependant je vois ici qu'on fait exactement tout le contraire de ce que veut votre D I E U. Votre culte même eft tout diférent du fien. Vous obligez les hommes à croire des chofes dont il n'a pas dit un feul mot.

Tout cela eft vrai, m'a-t-il répondu. Notre D I E U n'a pas commandé à nos maîtres formellement de s'enrichir aux dépens des peu-

E

ples, & de ravir le bien d'autrui : mais il l'a
commandé virtuellement. Il eſt né entre un
bœuf & un âne, mais trois rois ſont venus
l'adorer dans une écurie. Les bœufs & les
ânes figurent les peuples que nous enſeignons;
& les trois rois figurent tous les monarques
qui ſont à nos pieds. Ses diſciples étaient dans
l'indigence ; donc nos maîtres doivent aujour-
d'hui regorger de richeſſes. Car ſi ces premiers vices - dieu n'eurent beſoin que d'un
écu, ceux d'aujourd'hui ont un beſoin preſ-
ſant de dix millions d'écus. Or être pauvre
c'eſt n'avoir préciſément que le néceſſaire.
Donc nos maîtres n'ayant pas même le néceſſaire acompliſſent la loi de la pauvreté à la
rigueur.

Quant aux dogmes, notre D I E U n'écrivit
jamais rien, & nous ſavons écrire; donc c'eſt
à nous d'écrire les dogmes ; auſſi les avons-
nous fabriqués avec le tems ſelon le beſoin.
Par exemple, nous avons fait du mariage le
ſigne viſible d'une choſe inviſible ; cela fait
que tous les procès ſuſcités pour cauſe de mariage reſſortiſſent de tous les coins de l'Europe
à notre tribunal de Roume, parce que nous
ſeuls pouvons voir des choſes inviſibles. C'eſt
une ſource abondante de tréſors qui coulent
dans notre chambre ſacrée des finances pour
étancher la ſoif de notre pauvreté.

Je lui demandai ſi la chambre ſacrée n'a-
vait pas encor d'autres reſſources. Nous n'y
avons pas manqué, dit-il, nous tirons parti
des vivans & des morts. Par exemple, dès

qu'une ame eft trépaffée nous l'envoyons dans
une infirmerie ; nous lui faifons prendre mé-
decine dans l'apoticairerie des ames ; & vous
ne fauriez croire combien cette apoticairerie
nous vaut d'argent. Comment cela , monfignor , car il me femble que la bourfe d'une
ame eft d'ordinaire affez mal garnie ? cela eft
vrai , fignor , mais elles ont des parens qui
font bien aifes de retirer leurs parens morts
de l'infirmerie & de les faire placer dans un
lieu plus agréable. Il eft trifte pour une ame
de paffer toute une éternité à prendre méde-
cine. Nous compofons avec les vivans ; ils
achètent la fanté des ames de leurs défunts
parens , les uns plus cher , les autres à meil-
leur compte , felon leurs facultés. Nous leur
délivrons des billets pour l'apoticairerie. Je
vous affure que c'eft un de nos meilleurs
revenus.

Mais, monfignor , comment ces billets par-
viennent-ils aux ames ? il fe mit à rire. C'eft
l'afaire des parens , dit-il ; & puis, ne vous
ai-je pas dit que nous avons un pouvoir in-
conteftable fur les chofes invifibles ?

Ce monfignor me paraît bien deffalé ; je me
forme beaucoup avec lui , & je me fens déjà
tout autre.

QUINZIEME LETTRE

D'Amabed.

TU dois favoir, mon cher *Shaftafid*, que le *Cicéron* à qui monfignor m'a recommandé, & dont je t'ai dit un mot dans mes précédentes lettres, eft un homme fort intelligent, qui montre aux étrangers les curiofités de l'ancienne Roume & de la nouvelle. L'une & l'autre, comme tu le vois, ont commandé aux rois; mais les premiers Romains aquirent leur pouvoir par leur épée, & les derniers par leur plume. La difcipline militaire donna l'empire aux *céfars* dont tu connais l'hiftoire. La difcipline monaftique donne une autre efpèce d'empire à ces vices-dieu qu'on apelle *papes*. On voit des proceffions dans la même place où l'on voyait autrefois des triomphes. Les *Cicérons* expliquent tout cela aux étrangers; ils leur fourniffent des livres & des filles. Pour moi qui ne veux pas faire d'infidélité à ma belle *Adaté* (tout jeune que je fuis.) je me borne aux livres; & j'étudie principalement la religion du pays qui me divertit beaucoup.

Je lifais avec mon *Cicéron* l'hiftoire de la vie du DIEU du pays. Elle eft fort extraordinaire. C'était un homme qui féchait des figuiers d'une feule parole, qui changeait l'eau en vin, & qui noyait des cochons. Il avait

beaucoup d'ennemis; tu fais qu'il était né
dans une bourgade apartenante à l'empereur
de Roume. Ses ennemis étaient malins, ils
lui demandèrent un jour s'ils devaient payer
le tribut à l'empereur; il leur répondit, rendez au prince ce qui eft au prince, mais rendez à D i e u ce qui eft à D i e u. Cette ré-
ponfe me parait fage, nous en parlions mon
Cicéron & moi lorfque monfignor eft entré.
Je lui ai dit beaucoup de bien de fon D i e u,
& je l'ai prié de m'expliquer comment fa chambre des finances obfervait ce précepte en prenant tout pour elle, & en ne donnant rien à
l'empereur. Car tu dois favoir que bien que
les Romains ayent un vice-dieu, ils ont un
empereur auffi, auquel même ils donnent le
titre de *roi des Romains*. Voici ce que cet
homme très-avifé m'a répondu.

Il eft vrai que nous avons un empereur,
mais il ne l'eft qu'en peinture; il eft banni
de Roume; il n'y a pas feulement une maifon; nous le laiffons habiter auprès d'un
grand fleuve qui eft gelé quatre mois de l'année dans un pays dont le langage écorche nos
oreilles. Le véritable empereur eft le pape,
puifqu'il régne dans la capitale de l'empire.
Ainfi, *rendez à l'empereur* veut dire rendez
au pape. *Rendez à* D i e u fignifie encor rendez au pape, puifqu'en éfet il eft vice-dieu.
Il eft feul le maître de tous les cœurs & de
toutes les bourfes. Si l'autre empereur qui
demeure fur un grand fleuve ofait feulement
dire un mot, alors nous fouléverions contre

lui tous les habitans des rives du grand fleuve
qui font pour la plûpart de gros corps fans
efprit, & nous armerions contre lui les autres rois qui partageraient avec lui fes dé-
pouilles.

Te voila au fait, divin *Shaßafid*, de l'efprit
de Roume. Le pape eft en grand ce que le
Dalaï-lama eft en petit; s'il n'eft pas immortel
comme le *Lama*, il eft tout-puiffant pendant
fa vie, ce qui vaut bien mieux. Si quelquefois on lui réfifte, fi on le dépofe, fi on lui
donne des foufflets, ou fi même on le tue (a)
entre les bras de fa maîtreffe, comme il eft
arivé quelquefois, ces inconvéniens n'ataquent
jamais fon divin caractère. On peut lui donner cent coups d'étrivières, mais il faut toujours croire tout ce qu'il dit. Le pape meurt,
la papauté eft immortelle. Il y a eu trois ou
quatre vices-dieu à la fois qui difputaient
cette place. Alors la divinité était partagée
entre eux : chacun en avait fa part, chacun
était infaillible dans fon parti.

J'ai demandé à monfignor par quel art fa

(a) *Jean VIII* affaffiné à coups de marteau par un
mari jaloux.

Jean X amant de *Théodora*, étranglé dans fon lit.

Etienne VIII enfermé au château qu'on apelle aujour-
d'hui *faint Ange*.

Etienne IX fabré au vifage par les Romains.

Jean XII dépofé par l'empereur *Othon I*, affaffiné chez
une de fes maîtreffes.

Benoit V exilé par l'empereur *Othon I*.

Benoit VII étranglé par le bâtard de *Jean X*.

Benoit IX qui acheta le pontificat lui troifiéme, & re-
vendit fa part &c. &c. ils étaient tous infaillibles.

cour eft parvenue à gouverner toutes les autres cours. Il faut peu d'art, me dit-il, aux
gens d'efprit pour conduire les fots. J'ai voulu
favoir fi on ne s'était jamais révolté contre
les décifions du vice-dieu. Il m'a avoué qu'il
y avait eu des hommes affez téméraires pour
lever les yeux, mais qu'on les leur avait cre-
vés auffi-tôt, ou qu'on avait exterminé ces
miférables ; & que ces révoltes n'avaient jamais fervi jufqu'à préfent qu'à mieux afermir
l'infaillibilité fur le trône de la vérité.

On vient enfin de nommer un nouveau
vice-dieu. Les cloches fonnent, on frape les
tambours, les trompettes éclatent, le canon
tire, cent mille voix lui répondent. Je t'in-
formerai de tout ce que j'aurai vu.

SEIZIEME LETTRE

D'Amabed.

CE fut le 25 du mois *du Crocodile*, & le
13 de la planète de *Mars*, comme on dit ici,
que des hommes vêtus de rouge & infpirés
élurent l'homme infaillible, devant qui je dois
être jugé auffi bien que *Charme des yeux* en
qualité d'*apoftata*.

Ce Dieu en terre s'apelle *Léone*, dixiéme
du nom. C'eft un très-bel homme de trente-
quatre à trente-cinq ans, & fort aimable ; les
femmes font folles de lui. Il était ataqué d'un
mal immonde qui n'eft bien connu encor

E 4

qu'en Europe ; mais dont les Portugais commencent à faire part à l'Indouſtan. On croyait qu'il en mourait : & c'eſt pourquoi on l'a élu, afin que cette ſublime place fût bientôt vacante, mais il eſt guéri, & il ſe moque de ceux qui l'ont nommé.

Rien n'a été ſi magnifique que ſon couronnement ; il y a dépenſé cinq millions de roupies pour ſubvenir aux néceſſités de ſon DIEU qui a été ſi pauvre ! je n'ai pu t'écrire dans le fracas de nos fêtes. Elles ſe ſont ſuccédées ſi rapidement ; il a falu paſſer par tant de plaiſirs que le loiſir a été impoſſible.

Le vice-dieu *Léone* a donné des divertiſſemens dont tu n'as point d'idée. Il y en a un ſurtout qu'on apelle *comédie* qui me plaît beaucoup plus que tous les autres enſemble. C'eſt une repréſentation de la vie humaine, c'eſt un tableau vivant ; les perſonnages parlent & agiſſent, ils expoſent leurs intérêts, ils dévelopent leurs paſſions, ils remuent l'ame des ſpectateurs.

La comédie que je vis avant-hier chez le pape eſt intitulée *la Mandragore*. Le ſujet de la piéce eſt un jeune homme adroit qui veut coucher avec la femme de ſon voiſin. Il engage avec de l'argent un moine, un *Fa tutto*, ou un *Fa molto* à ſéduire ſa maîtreſſe, & à faire tomber ſon mari dans un piège ridicule. On ſe moque tout le long de la piéce de la religion que l'Europe profeſſe ; dont Roume eſt le centre, & dont le ſiège papal eſt le trône. De tels plaiſirs te paraîtront peut-être

Indécens, mon cher & pieux *Shaftafid*. *Char-*
mé des yeux en a été fcandalifée ; mais la cô-
médie eft fi jolie que le plaifir l'a emporté
fur le fcandale.

Les feftins, les bals, les belles cérémonies
de la religion, les danfeurs de corde fe font
fuccédés tour-à-tour fans interruption. Les
bals furtout font fort plaifans. Chaque perfonne invitée au bal met un habit étranger,
& un vifage de carton par deffus le fien. On
tient fous ce déguifement des propos à faire
éclater de rire. Pendant les repas il y a toujours une mufique très-agréable ; enfin c'eft
un enchantement.

On m'a conté qu'un vice-dieu prédéceffeur
de *Léon*, nommé *Alexandre* fixiéme du nom,
avait donné aux nôces d'une de fes bâtardes
une fête bien plus extraordinaire. Il y fit
danfer cinquante filles toutes nues. Les bracmanes n'ont jamais inftitué de pareilles dan-
fes. Tu vois que chaque pays a fes coutumes.
Je t'embraffe avec refpect, & je te quite pour
aller danfer avec ma belle *Adaté*. Que *Birma*
te comble de bénédictions !

DIX-SEPTIEME LETTRE

D'Amabed.

VRaiment, mon grand brame, tous les
vices-dieu n'ont pas été fi plaifans que celui-
ci. C'eft un plaifir de vivre fous fa domina-

tion. Le défunt nommé *Jules* était d'un caractère diférent ; c'était un vieux ſoldat tur-
bulent qui aimait la guerre comme un fou ;
toujours à cheval, toujours le caſque en tète,
diſtribuant des bénédictions & des coups de
ſabre, ataquant tous ſes voiſins, damnant
leurs ames & tuant leurs corps autant qu'il
le pouvait. Il eſt mort d'un accès de colère.
Quel diable de vice-dieu on avait là ! croirais-
tu bien qu'avec un morceau de papier il s'i-
maginait dépouiller les rois de leurs royau-
mes ! il s'aviſa de détrôner de cette manière
le roi d'un pays aſſez beau qu'on apelle *la
France*. Ce roi était un fort bon homme. Il
paſſe ici pour un ſot, parce qu'il n'a pas été
heureux. Ce pauvre prince fut obligé d'aſ-
ſembler un jour les plus ſavans hommes de
ſon royaume (*a*) pour leur demander s'il

(*a*) Le pape *Jules II* excommunia le roi de France
Louis XII en 1510. Il mit le royaume de France en in-
terdit, & le donna au premier qui voudrait s'en ſaiſir.
Cette excommunication & cette interdiction furent réité-
rées en 1512. On a peine à concevoir aujourd'hui cet excès
d'inſolence & de ridicule. Mais depuis *Grégoire VII* il
n'y eut preſque aucun évêque de Rome qui ne fit ou qui
ne voulût faire & défaire des ſouverains ſelon ſon bon
plaiſir. Tous les ſouverains méritaient cet infâme traite-
ment, puiſqu'ils avaient été aſſez imbéciles pour fortifier
eux-mêmes chez leurs ſujets l'opinion de l'infaillibilité du
pape & ſon pouvoir ſur toutes les égliſes. Ils s'étaient
donnés eux-mêmes des fers qu'il était très-dificile de bri-
ſer. Le gouvernement fut partout un cahos formé par la
ſuperſtition. La raiſon n'a pénétré que très-tard chez les
peuples de l'occident ; elle a guéri quelques bleſſures que
cette ſuperſtition ennemie du genre-humain avait faites
aux hommes, mais il en reſte encor de profondes cica-
trices.

lui était permis de le défendre contre un vice-
dieu qui le détrônait avec du papier. C’est
être bien bon que de faire une question pa-
reille ! j’en témoignais ma surprise au monfignor violet qui m’a pris en amitié. Est-il pof-
fible, lui difais-je, qu’on foit fi fot en Europe ! j’ai bien peur ; me dit-il, que les vices-
dieu n’abufent tant de la complaifance des hommes, qu’à la fin ils leur donneront de l’efprit.

Il faudra donc qu’il y ait des révolutions
dans la religion de l’Europe. Ce qui te fur-
prendra, docte & pénétrant *Shaftafid*, c’est
qu’il ne s’en fit point fous le vice-dieu *Alexandre* qui régnait avant *Jules*. Il faifait affaffiner,
pendre, noyer, empoifonner impunément
tous les feigneurs fes voifins. Un de fes cinq
bâtards fut l’inftrument de cette foule de crimes à la vue de toute l’Italie. Comment les
peuples perfiftèrent-ils dans la religion de ce
monftre ! c’est celui-là même qui faifait danfer
les filles fans aucun ornement fuperflu. Ses
fcandales devaient infpirer le mépris, fes bar-
baries devaient aiguifer contre lui mille poi-
gnards ; cependant il vécut honoré & paifible
dans fa cour. La raifon en eft, à mon avis,
que les prêtres gagnaient à tous fes crimes,
& que les peuples n’y perdaient rien. Dès
qu’on vexera trop les peuples, ils briferont
leurs liens. Cent coups de bélier n’ont pu
ébranler le coloffe, un caillou le jettera par
terre. C’est ce que difent ici les gens déliés
qui fe piquent de prévoir.

Enfin les fetes font finies ; il n’en faut pas

trop; rien ne laſſe comme les choſes extraor-
dinaires devenues communes. Il n'y a que
les beſoins renaiſſans qui puiſſent donner du
plaiſir tous les jours. Je me recommande à
tes ſaintes prières.

DIX-HUITIEME LETTRE

D'Amabed.

L'Infaillible nous a voulu voir en particu-
lier *Charme des yeux* & moi. Notre monſignor
nous a conduits dans ſon palais. Il nous a
fait mettre à genoux trois fois. Le vice-dieu
nous a fait baiſer ſon pied droit en ſe tenant
les côtés de rire. Il nous a demandé ſi le père
Fa tutto nous avait convertis, & ſi en éfet
nous étions chrétiens. Ma femme a répondu
que le père *Fa tutto* était un inſolent, & le
pape s'eſt mis à rire encor plus fort. Il a donné
deux baiſers à ma femme & à moi auſſi.

Enſuite il nous a fait aſſeoir à côté de ſon
petit lit de baiſe-pieds. Il nous a demandé
comment on faiſait l'amour à Bénarès, à quel
âge on mariait communément les filles, ſi le
grand *Brama* avait un ſerrail. Ma femme rou-
giſſait, je répondais avec une modeſtie reſ-
pectueuſe. Enſuite il nous a congédiés en
nous recommandant le chriſtianiſme, en nous
embraſſant, & en nous donnant de petites
claques ſur les feſſes en ſigne de bonté. Nous

avons rencontré en fortant les pères *Fa tutto*
& *Fa molto*, qui nous ont baifé le bas de la
robe. Le premier moment, qui commande toujours à l'ame, nous a fait d'abord reculer avec
horreur ma femme & moi. Mais le violet nous
a dit, vous n'êtes pas encor entiérement for-
més : ne manquez pas de faire mille careffes
à ces bons pères: c'eft un devoir effentiel dans
ce pays-ci d'embraffer fes plus grands ennemis.
Vous les ferez empoifonner fi vous pouvez à
la première ocafion. Mais en atendant vous
ne pouvez leur marquer trop d'amitié. Je les
embraffai donc. Mais *Charme des yeux* leur
fit une révérence fort féche; & *Fa tutto* la
lorgnait du coin de l'œil en s'inclinant jufqu'à
terre devant elle. Tout ceci eft un enchantement. Nous paffons nos jours à nous étonner.
En vérité je doute que Maduré foit plus agréable que Roume.

DIX-NEUVIEME LETTRE

D'Amabed.

P Oint de juftice du père *Fa tutto*. Hier notre jeune *Déra* s'avifa d'aller le matin par curiofité dans un petit temple. Le peuple était
à genoux ; un brame du pays vêtu magnifi-
quement fe courbait fur une table ; il tour-
nait le derrière au peuple. On dit qu'il faifait
D I E U. Dès qu'il eut fait D I E U il fe montra

ques jours à leurs maisons de campagne, car
c'est à qui nous aura; après s'être disputé la
préférence le plus plaisamment du monde,
Faquinetti s'est emparé de la belle *Adaté*, &
j'ai été le partage de *Sacripanté*, à condition
qu'ils changeraient le lendemain, & que le
troisiéme jour nous nous rassemblerions tous
quatre. *Déra* était du voyage. Je ne sais comment te conter ce qui nous est arrivé. Je vais
pourtant essayer de m'en tirer.

Ici finit le manuscrit des lettres d'*Amabed*.
On a cherché dans toutes les bibliothèques
de Maduré & de Bénarès la suite de ces lettres. Il est sûr qu'elle n'existe pas.

Ainsi, supposé que quelque malheureux faus-
saire imprime jamais le reste des avantures
des deux jeunes Indiens, *nouvelles lettres d'A-*
mabed, *nouvelles lettres de* Charme des yeux,
réponses du grand brame Shastasid, le lecteur
peut être sûr qu'on le trompe, & qu'on l'en-
nuie comme il est arrivé cent fois en cas
pareil.

F. I N.

CPSIA information can be obtained
at www.ICGtesting.com
Printed in the USA
LVHW050603060721
691876LV00018B/3275